游泳运动

科学训练与安全监控研究

杜　鹃◎著

东北林业大学出版社

Northeast Forestry University Press

·哈尔滨·

图书在版编目（CIP）数据

游泳运动科学训练与安全监控研究 / 杜鹃著 . — 哈尔滨：
东北林业大学出版社，2021.6

ISBN 978-7-5674-2463-0

Ⅰ . ①游… Ⅱ . ①杜… Ⅲ . ①游泳－运动训练 Ⅳ .
① G861.102

中国版本图书馆 CIP 数据核字（2021）第 127509 号

责任编辑：马会杰

封面设计：马静静

出版发行：东北林业大学出版社

　　　　　　（哈尔滨市香坊区哈平六道街 6 号　邮编：150040）

印　　装：北京亚吉飞数码科技有限公司

规　　格：170 mm×240 mm　16 开

印　　张：12

字　　数：202 千字

版　　次：2022 年 4 月第 1 版

印　　次：2022 年 4 月第 1 次印刷

定　　价：66.00 元

前　　言

　　游泳运动是奥运会的传统竞技项目之一,随着国内外先进游泳训练理论的普及、多元训练方法的推广以及国内外优秀游泳选手的不断交流,竞技游泳运动的发展水平不断提高,世界各项游泳大赛上不断有运动员创造新的世界纪录。游泳是体能主导类运动项目,对运动员的体能、技能、意志品质等都提出了很高的要求,而体能和技能又直接决定了运动员的竞技能力和运动成绩。体能是基础,技术是保障,体能训练和技术训练相辅相成、缺一不可。在训练实践中要加强安全管理,保障运动员的生命安全与训练效果。对游泳运动训练理论及方法的深入思考和科学研究,有助于推动游泳运动训练的科学化进程,促进游泳运动训练方法的革新,有效提高游泳运动员的竞技实力和比赛成绩。基于此,作者在查阅大量相关文献的基础上,精心撰写了本书。

　　本书共包含八章内容。第一章阐述了游泳运动科学训练理论,提出了游泳训练的科学理论与原理、训练原则与方法,对游泳训练具有理论指导意义。第二章介绍了游泳运动体能素质及科学训练。良好的体能素质是游泳运动员参加训练和比赛的基础条件,体能的提升对增强技能和综合竞技能力具有重要意义。因此本章先分析了游泳运动的专项体能特点,接着根据专项体能特点而科学设计力量、速度、耐力、协调与柔韧等各项身体素质的训练方法。第三章至第六章分别对蛙泳、仰泳、蝶泳以及自由泳四种泳姿的技能训练展开研究,主要涉及各种泳姿的基本知识、技术环节分析及技术训练方法等内容。第七章与第八章分别探讨对游泳运动训练安全的科学保障体系及安全防护体系的构建,以期提升游泳运动员的安全防护意识与自我保护能力,保障游泳运动员的安全与训练效果。

　　总体而言,本书具有以下几个特点:

　　第一,系统性。本书主要研究游泳运动员科学训练与安全监控。首先阐释了游泳运动训练的科学理论；其次重点分析了游泳运动员体能训练方法；再次分别对几种常见泳姿的科学训练方法进行了系统研究；最后探讨了游泳运动训练的安全保障和安全防护体系。总体来看，本书结构完整，内容丰富，层次清晰，具有较强的系统性。

第二，理论与实践有机结合。本书对游泳运动训练的研究从理论与实践两个方面展开，先阐述游泳训练的科学原理，接着对游泳体能训练方法、技能训练方法展开了研究，理论与实践有机结合，对游泳运动员技能水平的提高既具有理论指导意义，又具有实践指导价值。

第三，创新性。游泳训练是提升游泳运动员竞技能力的必要手段，游泳运动员参与专项训练及提高训练效果都离不开科学理论的指导。本书开门见山阐述了游泳训练的科学理论，提出了游泳训练的生理适应理论和高技术及科研辅助理论，从运动生理学及科技、科研等角度为游泳训练提供科学的理论支撑，具有一定的创新性。另外，本书还从营养学与康复学等学科视角全面构建游泳训练的安全保障体系，以期为游泳运动员安全参与训练提供全方位的保障，具有实用性和创新性。

总之，本书重点对游泳运动的科学训练及安全监控展开研究，提出了游泳体能训练及不同泳姿训练的科学方法，构建了游泳训练的安全防控与保障体系，希望本书能够为提高我国游泳运动训练的科学化水平及提升游泳运动员的竞技能力和比赛成绩做出贡献。

在本书撰写过程中，作者参考并借鉴了很多专家、学者的研究成果，在此表示诚挚的感谢。由于作者水平有限，书中难免有不妥与疏漏之处，敬请广大读者批判指正。

作　者
2021 年 4 月

目　　录

第一章　游泳运动科学训练理论指导

游泳训练是提升游泳运动员专项技能水平及综合竞技能力的重要方法。游泳运动训练需要在科学理论的指导下进行，游泳教练员与运动员将游泳运动训练的科学原理及方法熟练掌握，能够有效提高游泳训练的科学性和实际效果，最终实现提升运动员竞技水平和促进运动员各方面素质全面发展的目标。本章主要就游泳运动科学训练理论进行分析，主要内容包括游泳运动训练的理论基础、科学原理以及训练原则与方法。

第一节　游泳运动训练的理论基础

一、生理适应理论

训练的形式不同或采用不同的方法进行训练，就会产生不同的生理适应，如在短距离速度冲刺训练中，高强度的负荷作用于肌肉，肌肉在负荷刺激下活动就像要将很重的东西提起一样。在长距离耐力训练中，耐力负荷长时间作用于肌肉。采用单一的训练形式或方法提高速度与耐力是不易的，而且有些训练也会限制速度与耐力的发展。运动训练过程中本身就会有很多限制因素，而且有些限制因素已经被证明不管如何将其置于训练环境中都会阻碍训练的顺利进行，很难有转机。确定运动训练中的确定限制因素、非确定限制因素或非限定因素后，教练员与运动员会更清楚哪些因素对训练更重要，要重点挖掘与发挥哪些因素的积极作用。

任何一种训练方法都融入了专项刺激和适应，不同训练方法对机体造成的刺激以及引起的机体适应是不同的。以最大力量训练为例来说明,要使肌肉变得更有力量,就要加强力量训练,但这种训练对提高肌肉收缩速度和耐力基本没有效果。游泳训练中也能体现这一原理。游泳训练根据游泳距离长短的不同,可以分为长距离游泳训练和短距离游泳训练,不同距离的游泳训练中采用不同的训练方法,侧重点自然也不同,短距离游泳训练以强度训练为主,长距离游泳训练以耐力训练为主。一般来说,在一个完整的训练计划中,不管是长距离项目的游泳运动员还是短距离项目的游泳运动员,既要进行长距离耐力训练,也要进行短距离强度训练,这看似违背了专项训练原则,但因为很多游泳运动员在比赛中都不是只报名参加一个项目的比赛,而是同时报名参加几个项目,所以既要训练强度,也要训练耐力。

在游泳训练中,一定强度的刺激作用于机体,所引起的机体适应包括局部适应和全身适应两种类型,如长跑、游泳、自行车等耐力运动能够促进机体整个心血管系统功能的增强,但长跑、自行车等项目不会使有关游泳的神经肌肉耐受力得到提升。

(一)生物时间的应激及适应性

1. 一般适应模式

在机体的一般适应模式中,将一定强度的刺激作用于机体,机体对该刺激的适应一般会经历下面几个阶段。

(1)警觉阶段。

外界刺激作用于机体,机体最开始的反应就是警觉反应,这时机体的应激能力还比较弱,如果给机体施加的是很强的刺激,那么将可能引起严重的后果(图 1-1)。

(2)抵抗阶段。

如果作用于机体的刺激的程度与机体的适应能力是旗鼓相当的,那么机体将继续应激,身体不再是被动的警觉状态,人的应激能力会不断提升,甚至比正常值还高(图 1-1)。

(3)耗竭阶段。

机体长期受到同样的刺激,机体对这种刺激的适应能力越来越强,当最终适应结束时,机体再次进入警觉状态,但与初步反应的警觉状态不同,这时的警觉具有不可逆性,严重情况下会有生命危险(图 1-1)。

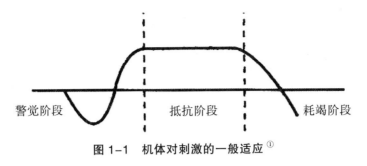

图 1-1 机体对刺激的一般适应 [①]

警觉阶段　　　　　抵抗阶段　　　　　耗竭阶段

2. 两种常见适应模式

在一般适应模式的基础上，Yakovlev 和 Counsilman 又分别提出了两种适应模式，前者提出超量补偿适应模式，后者提出高级适应模式，这两种模式分别如图 1-2 和图 1-3 所示。这两种模式是在一般模式的基础上提出的，所以它们有相似之处。但和一般适应模式的区别是，这两种模式提出了机体适应过程中训练所起到的作用。

（1）超量补偿适应模式。

一般适应模式中的基础理论均得到了上述两种模式的认可，即机体对物理负荷的第一反应与对外界刺激的初步反应具有一致性，这种反应的主要表现形式是身体工作能力降低，出现疲劳症状。但 Yakovlev 提出的超量补偿适应模式与一般适应模式及 Counsilman 提出的高级适应模式在适应的发生时间和机体恢复上有不同的观点。Yakovlev 指出，将一定的负荷或刺激作用于机体，当这些外部刺激离开机体后，机体才会出现适应性反应，才会增加应激。而且机体疲劳得到良好的恢复效果后，超量补偿就会形成，这时机体的工作能力比原来还要强。而要达到超量补偿的效果，就要不停地增加负荷刺激强度，否则不仅不会出现超量补偿，还会使机体工作能力下降，影响机体的适应能力。从该理论中可以得出结论，适应的产生是有序的，是有负荷→无负荷→加大负荷→无负荷的循环过程，这是所谓的机体恢复的"理模式"。客观来看，如果用 Yaklvlev 提出的超量补偿适应模式来解释运动训练过程中运动员的机体变化，就会显得运动训练过程太简单，而且该模式本身就存在一些不恰当的地方。但这个模式也有它的价值与重要性，即强调机体恢复的重要性，启发运动员在训练过程中要适当休息，在出现疲劳后要及时采

① 陆一帆，方子龙，张亚东. 游泳运动科学训练与监控 [M]. 北京：北京体育大学出版社，2007.

取有效方法来消除疲劳,提高身体机能水平。

在国外关于运动训练的研究文献中,Yakovlev 提出的超量补偿模式得到了广泛应用。这里要简单解释基于这个模式而形成的训练方法。Yakovlev 在研究单一负荷的基础上建立了超量补偿模式。着重对身体某方面能力进行训练与培养的负荷就是单一负荷,专项训练只是对训练部位的机能产生了影响,而没有影响其他方面的能力。基于该模式而形成的训练方法大都具有专项性,即重点训练与改善某一方面的素质或机能,训练方法的综合作用不强,但专项价值很高。

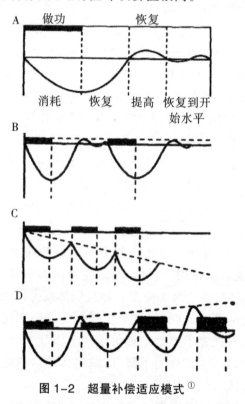

图 1-2 超量补偿适应模式 [1]

注:

A.警觉反应。

B.成绩变化阶段训练中的机能潜能。

C.在机体未完全恢复时重复训练,导致身体活动能力下降。

D.在超量恢复阶段安排训练,身体机能水平将随负荷量的增加而提升。

[1]　陆一帆,方子龙,张亚东.游泳运动科学训练与监控[M].北京:北京体育大学出版社,2007.

（2）高级适应模式。

　　Yakovlev 的超量补偿模式适合运用于单一训练方法中,但游泳训练中综合训练方法有很多,采用一种训练方法对几种能力同时进行训练,以提高训练的综合效果。采用综合性的训练方法可以累积负荷。Counsilman 基于"负荷＋负荷"的理论而提出高级适应模式。在游泳训练尤其是长距离游泳项目的训练中,运动员和教练员经常要思考负荷训练中安排多大的负荷可以最大化地提高耐力? 运动员的机体能承受什么程度的负荷与疲劳? 出现疲劳症状后要继续增加负荷量坚持训练还是暂停训练来休息? 身体在完全没有疲劳的状态下进行训练和在轻度疲劳状态下进行训练哪种效果好等问题。对于这些问题,Counsilman 的高级适应模式给出了解释,如图 1-3 所示。

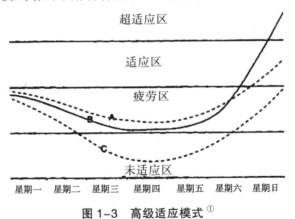

图 1-3　高级适应模式 [①]

注:

　　A.周一到周五以中等强度训练,周六和周日降低负荷,身体机能恢复并超过初始水平;

　　B.周一到周五以大强度进行训练,机体慢慢不能适应负荷,周六、周日降低负荷,超量恢复出现;

　　C.运动员以过大强度进行训练,造成机体不适应,即使降低负荷也不能使身体机能恢复到正常的初始水平。

① 陆一帆,方子龙,张亚东.游泳运动科学训练与监控 [M].北京:北京体育大学出版社,2007.

3.训练适应模式下的训练效果

（1）正向和反向效果。

在游泳训练中,将不同运动负荷的训练有机结合起来,如果结合得当,将产生正向效果,如果结合欠妥,那么将产生反向效果。不同运动负荷在各种训练中都会产生这样或那样的作用,而且负荷本身也是相互影响和相互产生作用的。有的负荷之间相互产生的是正向效果,而有的负荷之间相互产生的是反向效果。

如果经过一次训练产生了一定的效果,以此为基础而增加训练负荷,那么可能会产生积极影响,也可能会产生消极影响。如果某次训练结束后身体保持良好的状态,那么再增加负荷继续训练将会产生正向的累积效果,而如果训练结束后身体处于不良状态,这时不但不休息,反倒继续进行大负荷训练,那么将会产生消极的负面作用,而且会影响身心健康。在游泳速度与耐力训练中,要对神经内分泌的平衡及能源物质的高效储备予以考虑,有氧耐力和无氧耐力训练中的负荷对速度循环训练中的负荷会产生作用,在负荷的累积和能源物质的不断储备中无氧乳酸负荷能够发挥积极的正面作用。

在运动训练中要尽可能将各种有利因素集合起来而取得正向的训练效果。不断累积正向训练效果是训练的主要目标,这样可以保持正向效果的持久作用,持续提高运动员的竞技能力。在游泳训练中,为达到这一效果,就要对训练次序进行合理安排。在游泳力量训练中,先进行最大力量训练,再进行爆发力训练或速度力量训练;在游泳耐力训练中,先进行基本有氧耐力的训练,再进行乳酸耐力训练,最后进行速度乳酸耐力训练。进行无氧耐力训练,要先具备有氧耐力的累积条件,倘若缺乏良好的有氧耐力,那么无氧训练将成为徒劳训练,甚至会产生负面作用,影响耐力的提升和身体健康。游泳耐力训练对运动员的力量也有特殊要求,游泳运动员的力量、速度和耐力是密不可分的,因此要将这些训练有机整合起来,正确顺序是先进行最大力量训练,再进行力量耐力训练,然后是速度训练,最后是力量、耐力训练的巩固与加强。如果不按顺序训练,将产生反向训练效果。

需要注意的是,要达到训练的正面效果,就要将多种有效的训练方法有机结合起来,打破单一的训练模式,但在不同时期的训练中要分清训练的主次,要有重点地选取训练方法,而不是方法越多越好。

（2）延迟效果。

在长期的游泳训练中，至少要一周以后才能看到延迟效果。有关研究显示，训练后最佳状态来临的时间可能在很长时间以后，在这之前运动员可能会面临身体疲劳长期得不到充分恢复和机体工作能力降低的现象。高原训练能够充分反映出这一规律。在高原环境中进行训练，刚开始可能会影响机体工作能力，但回到正常的训练环境后，身体机能水平就会提升到比初始水平还要高的程度，如图1-4所示。一般要以运动员的训练能力为依据而选择可以取得良好延迟效果的训练方法，而且教练员要根据运动员训练水平的变化调整训练负荷，使运动员更好地适应训练负荷，提高身体机能水平和延迟训练效果。

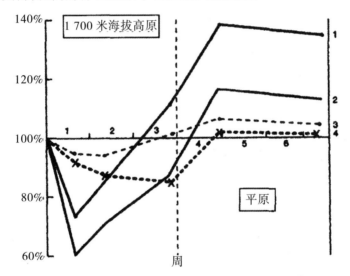

图1-4 高原训练与平原训练的机能水平变化[①]

图中纵轴序号中从上到下1、2、3、4分别表示如下：

1——可承受的最大运动量水平；

2——可承受的最大无氧能力；

3——可承受的乳酸耐力水平；

4——最大有氧能力。

（3）累积效果。

多次训练后产生的效果就是累积效果。累积效果是通过多次训练

① 陆一帆，方子龙，张亚东.游泳运动科学训练与监控[M].北京：北京体育大学出版社，2007.

对机体产生的影响,这种影响是逐渐加强的。

(4)效果转移。

效果转移是指每次训练中某种类型训练对其他能力的有益或有害效果,如力量训练对速度的正面或反面效果。这方面的研究中,通常以力量训练对耐力、速度的影响为例。虽然力量训练对速度有益,但绝对力量的过度发展最终会对速度能力产生负面效应,这是一个很有代表性的例子。某种训练效果的转移开始可能是正面的,但最终会产生负面效果。

力量训练对耐力有积极影响。但是,过度的力量训练最终会对耐力产生负面效果。因此,对于长期运动训练计划的安排,要求最佳时期安排最适应的运动训练。例如,在长期或是年度训练计划中,当目前所需的或是以后要求的力量已达到,就要降低力量的负荷量,防止进一步的训练带来负面效果,导致运动成绩下降。一般在季度或年度训练计划中,当对循环速度的要求提高时,就要相应降低力量负荷,主要原因是高负荷的力量训练将对神经系统产生深刻影响;因此要重点强调速度的提高。尽管大多数的教练认为,力量、耐力和速度可以在训练中同步获得,但某种专项能力的发展绝对不能超过一定水平,否则将会影响运动员的整体状态和竞技能力。

刚开始训练的运动员,预先安排的大运动量会影响运动能力,因此可以利用其他训练的负面效果来延迟或阻碍这种影响的发生。例如,运动员被预先安排进行大负荷力量训练,这将对速度有影响,此时可以选择长期的耐力训练来综合力量训练的影响,另外,改变饮食结构防止肌纤维过度增生也可以达到这一效果。利用训练的负面效果时,要求教练员对运动员的训练有整体全面的、周密细致的计划,科学运用运动训练的理论和方法。

(5)效果遗留。

效果遗留是指撤除负荷后仍保留的训练效果。高水平运动员长时间降低训练负荷后,仍可取得好成绩;优秀运动员停训很长时间后,集中训练一段时间,运动能力仍可恢复到很高水平。训练遗留效果可保证整个季度或年度训练中训练变化不引起某些能力的退化。了解退化的时间,可以更好发展整体运动水平,保证运动员的机体在大赛时处于最佳状态。例如,在早期安排最大力量训练,并且达到的水平要超过比赛的要求,之后便不再进行力量训练。这样安排的原因是防止力量训练影响速度、耐力等其他能力的提高,并保证达到比赛的要求。在奥运会训练计划安排中,先进行耐力训练,并要求超过比赛水平;随着计划的推进,耐力训练减少,力量和速度训练增多,最终使运动员在奥运会上处于最佳状态。[①]

(二)不适应

刺激和适应中还有一种现象叫不适应,它有不同的形式:训练失效和过度负荷。训练失效是指机体整体水平提高而负荷未进行相应调整,不再对机体构成刺激;过度负荷是指训练过程中负荷超出了运动员的承受范围,完全破坏机体工作能力。这两种情况都可以通过调整引起它们发生的训练条件而得到有效解决。

不适应与运动员个人能力有关,主要由运动员年龄、训练水平、机能水平,运动回弹和其他因素所决定。还有一些外界的影响,如医疗、营养和环境因素。心理因素也影响适应效果,不仅包括运动心理准备,还包括运动员心理保健。

教练员应经常观察运动员的训练情况,防止不适应的产生。教练员要了解不适应的征兆,并相应改变训练计划。过度训练的显著特征是莫名兴奋或焦虑、失眠、没有食欲、体重减轻、缺乏训练热情、上呼吸道发病率增加等,如果发现这些特征,教练员不仅要控制训练,同样还要辨别和控制与不适应相关的卫生学方面的因素,提出营养恢复疗法及心理保健疗法。

二、高技术及科研辅助理论

现代竞技游泳运动已经历了百余年的发展历史,通过不断竞争和演变,无论是理论内容,还是科学训练方法,都已取得了一定的成绩。研究发现,在游泳技术的变革中,一种新技术的出现往往与科技的发展以及人们对流体与肢体动作之间的相互作用的理解和认识有着密切的关联。同时,生物科学领域研究成果的不断介入从侧面改变了训练的结构和思路,并有效地促进了游泳运动水平的提高。人们已经认识到,运用先进的科学理论和方法来指导运动实践,是探索游泳运动训练规律,合理调

---

① 陆一帆,方子龙,张亚东.游泳运动科学训练与监控[M].北京:北京体育大学出版社,2007.

控游泳训练过程的必然及重要途径。

世界游泳发达国家在游泳训练科学化研究方面都有自己独到的理论见解,这也是支撑其游泳运动整体水平保持领先地位的有力武器。20世纪60年代,卡莱尔提出的大数量训练理论,不仅提高了澳大利亚运动员的游泳成绩,而且还带来了世界游泳运动史上的一场大革命。20世纪70年代,美国游泳专家引进了生物科学理论,提出了游泳训练的大负荷训练理论,使得美国乃至全世界的游泳训练水平得到了质的飞跃。

当前,国内外游泳运动研究主要聚焦于游泳训练理论、游泳技术理论、赛前训练理论和特点以及优秀游泳运动员生理监测及能量代谢系统训练理论、优秀游泳运动员的选材特点、高原训练理论等方面。我们应从我国游泳运动发展的特点入手,分析竞技运动员游泳成绩的演变过程,分阶段论述各个时期内游泳运动变化的规律和特征;并分别从不同阶段游泳训练方法的发展变化情况、周期划分及周期训练的发展变化、其他学科对成绩变迁的影响等方面展开讨论。

现在,游泳比赛越来越多,我国结合世界一些优秀游泳运动员的训练经验和其他项目的成功经验,对游泳运动员赛前调整手段和方法展开了研究,并以近年世界游泳竞赛及成绩变化特点,分析游泳运动员赛前训练内容及安排上的变化,同时借鉴国外以赛带练的成功经验展开深入的研究与探索,聚焦点包括游泳运动员赛前训练时间安排、运动负荷安排、训练内容选择及安排、训练方法、手段选用及训练计划制订等内容。①

不管是科技发展带来的游泳技术的改进,还是丰富先进的游泳理论研究,对游泳运动训练的发展都具有重要的意义。

第二节　游泳运动训练的科学原理

一、力学原理

(一)阻力与游泳训练

水的密度比空气大很多,水流动时本身就具有很大的黏滞性,所以

---

① 陆一帆,方子龙,张亚东.游泳运动科学训练与监控[M].北京:北京体育大学出版社,2007.

人在陆地上走路受到的空气的阻力远远小于人在水中游泳受到的水的阻力。不管是业余游泳爱好者，还是专业游泳运动员，都要对水的阻力及其对游泳的影响有一定的了解，都要掌握水中游泳时减少阻力的科学方法，这样才能游得快，而且不费力，以节约体能，提高成绩和效果。

在水中游泳，人体会受到以下阻力的影响。

1. 摩擦阻力

运动员在水中游泳时，身体与水在非光滑、有挤压的表面相互接触，而且人与水的运动是相对的，摩擦阻力就是在这些条件下产生的。固体之间的摩擦也有阻力，但这种阻力相对简单一些，而人与水接触中受到的摩擦阻力就比较复杂。游泳过程中，人的身体和水接触，一些水分子附着在人的皮肤上，这些水分子相对于游动的身体来说是处于静止状态的。水环境中水有里外层次之分，内层水的速度快，外层水的速度慢，越靠近水的表面，流速就越慢。内层水离人的身体比较远，人在水中游泳基本不会影响内层水，我们平时所说的静止水层就是离游泳者身体很远的内层水。在游泳过程中，从水的外层到内层，水速逐渐减慢，由动到静，这个变化的梯度区域被称为"边界层"（图1-5）。游泳中，边界层内的水与相邻水层中的水相互摩擦，相邻水层的水在边界水层摩擦作用的带动下流动，方向与边界水层的水的流向一致，这就形成了摩擦阻力，与游泳方向相反，制约运动员的游速。

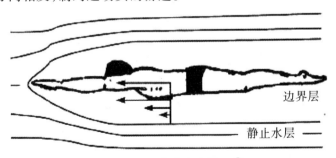

图1-5　水中游泳边界层 ①

运动员要想节省力气并游得快一些，就要思考将水的摩擦阻力降到最低的方法。人和水的接触面非光滑是引起摩擦阻力的一个主要因素，从这个影响因素出发，尽可能使人与水在光滑的接触面上接触可以有效

---

① 黄辉，刘艳欣，孙振杰.业余游泳运动的物理原理分析[J].中学物理教学参考，2018，47(14): 83-84.

减少水的摩擦阻力。如果人与水在粗糙的面上接触，那么运动员在游泳过程中就会带动很多的水，从而影响游泳速度。要使接触面变得光滑，使水的摩擦阻力降低，就要选择材质光滑、有弹性、吸水少的泳衣，要保持流线型泳姿，并佩戴光滑的泳帽。水的摩擦阻力也受到了游泳速度的影响，相邻水层之间相互摩擦的程度随着游速的加快、梯度区域的扩大而增加。

2. 压差阻力

人在水中游泳时，身体前后的水的压力是不同的，不同压力的液体与人体接触产生了压差阻力，又称为形状阻力，因为液体中物体的形状决定了压差阻力的大小。

减少压差阻力对提高游泳速度有很大的帮助，具体方法如下：

第一，从影响压差阻力的因素着手，游泳时，运动员尽量保持水平游泳姿势，也就是流线型泳姿，这样可以减少身体在前进方向上的截面面积，减少身体后的漩涡区，从而减少压差阻力。

第二，运动员按直线方向游泳前进，尽量不要向左右两侧摆动，否则会增加身体在游泳方向上的投影截面，增加体侧漩涡区的面积，从而增加压差阻力。

第三，运动员的游泳速度也会受到浮力的作用点与人体重心位置的影响，它们都是等效作用点，但不在同一点位置，人体腹部中央是浮力作用点的位置，重心更靠下一些，这样就比较容易产生旋转力矩，而它会影响运动员的游泳速度，使运动员的腿不自觉地向下沉。解决这个问题的方法是，两臂夹住头并充分伸展，前臂并拢，两腿并在一起，充分伸展脚尖，背部肌肉和腹部肌肉适度收紧，以充分伸展身体每个部位，使身体保持在同一直线上，这样可以使重心尽量移向浮力的作用点，使旋转力矩减少。

3. 波浪阻力

从流体力学原理分析，游泳运动员游泳时不仅要向前用力游进，还要向下用力拍水，运动员既有平行方向上的运动，也有垂直方向上的运动。运动员垂直向下拍水的运动使水波出现在水面上，波浪就是水波沿水面扩散形成的，相对来说，水面下的波浪小一些，水面的波浪大一些，波浪随水深增加而减少。波浪阻力对运动员的游速有影响，有些运动员在比赛中先潜泳再到水面上游泳，主要就是为了将波浪阻力降到最小，增加游速。

游泳运动员要想减少波浪阻力对其游进速度造成的影响,就要在游进过程中尽量预防有大波浪产生,具体要做到以下两点:

首先,身体应尽可能保持水平,因为身体如果存在较大倾斜,那么身体挡水面就比越大,在向前游进时推挤的水就会越多,这些水受到推进而失去平衡,形成的波浪也自然就比较大。

其次,应该注重游泳技术的提升,为了减少波浪阻力,可以采用"屈臂高肘划水技术",这种游进技术可减少手臂划水时对水在竖直方向的分力,这样水对游泳者身体竖直方向的反作用也不大,不会使身体在水面上明显上、下起伏。

（二）推进力与游泳训练

推进力是指游泳时推动人体前进的力,推进力的大小由运动员的划水角度、蹬水动作、身体位置和腿掌的形状等多个因素决定。以蛙泳为例,蹬水动作和身体位置是重要影响因素,下面着重分析蹬水动作的影响。

蹬水时腿部关节移动的路线和方向影响推进力。蹬水方向尽量向使运动员产生向前的作用力方向并且有夹水动作,这样可以使蹬水腿集中于向前的方向。蹬水时,腿部各关节运动先后和发力顺序很重要,蹬腿时应大腿发力,先伸髋,使小腿尽量保持垂直对水位置,向后做蹬水动作,然后伸膝和伸踝。蹬水面积越大,推进力越大,脚掌外翻,小腿尽量处于垂直部位,以增加蹬水面积。高水平运动员蹬水结束之前脚仍保持外翻姿势,这样可使蹬水面保持不变,不减少蹬腿力量。蹬水速度越大,推进力越大,游速越快,所以蹬腿时要充分发挥腿部肌群力量,加快鞭水动作。这就是运动员在蛙泳蹬腿时慢收腿、快蹬腿的主要原因。

二、负荷与恢复原理

（一）游泳训练负荷

游泳训练中的运动负荷由负荷量（练习数量）和负荷强度（练习强度）构成,二者相互关联、不可分割。

1. 练习数量

练习数量是指全部训练时间内的游距,表示机体承受训练刺激的数量特征,它由练习距离和重复练习次数构成。

（1）练习距离。

练习距离指运动员所完成的游程累计数。

（2）重复次数。

重复练习次数指在练习形式和距离不变的前提下,反复完成该项练习的次数。

2. 练习强度

练习强度是指机体各机能系统活动的紧张程度,也可理解为刺激的深度,是影响游泳运动训练效果、提高训练成绩的主要因素,也是游泳运动训练的核心。

游泳练习强度与以下因素联系密切。

（1）练习时间。

练习时间是指运动员完成某项练习所需要的时间,即完成的速度、游速。

（2）练习形式。

游泳练习形式主要有打腿、划手、分解、配合、主项、副项、自由泳、混合泳等,在完成距离、间歇时间等条件相同的情况下,不同练习方式产生的效果有差异。

（3）间歇时间。

间歇时间是指一次练习结束至下一次练习开始之间的休息时间,主要反映运动负荷的密度,是影响负荷强度的重要因素。[①]

（二）游泳训练恢复

1. 恢复的特征

在游泳运动训练中,如果运动员出现明显的疲劳症状,那么其就难以再继续顺利练习,将影响训练发挥和训练效果。这时就需要及时消除疲劳,补充能量,促进恢复。游泳运动员在训练中经过一定负荷的刺激,

---

① 吕雪.游泳运动学练导论 [M].北京：北京体育大学出版社,2018.

身体机能水平暂时降低,体内能源物质暂时减少,而采取一定措施后,机能水平逐渐恢复到初始水平,机体能源物质也逐渐达到正常,这个过程就是训练恢复过程。在游泳训练中,能量消耗、补充、再消耗、再补充是一个循环往复的过程,消耗与恢复密切结合,不断提高运动员的专项水平。只有在疲劳后有所恢复,才能提高训练效果,才能提升体能素质,才能为整体提高竞技水平奠定体能基础。机体恢复也能促进心理健康,达到身心放松的效果。

游泳训练中人体恢复过程具有如下几个特点。

（1）动态曲线性。

恢复过程与时间有关,但恢复速度与时间并非成正比,而是呈某种动态曲线关系,开始快,然后逐步减缓。研究证明,如果将整个恢复期分成 3 等分,那么前 1/3 体能大约恢复 70%,第二个 1/3 体能大约恢复 20%,最后 1/3 体能大约恢复 10%。可见,运动员体能的恢复主要是在恢复期的前 2/3 实现的。因此负荷后最初的恢复手段与措施非常重要,应充分利用这段时间采取恢复措施。

（2）异时性特征。

激烈运动时,人体机能高度紧张,能量物质大量消耗。被消耗的能量物质的补充、再生以及功能水平的复原都在运动恢复期完成。正常情况下功能水平恢复得较快,心率、血压在运动后 20 ~ 60 分钟恢复到安静水平,血乳酸等代谢产物消除速度慢,需要 60 分钟以上才能恢复到安静水平。而能量物质恢复的异时性更为明显,糖类、蛋白质、维生素分别需要 4 ~ 6 小时、12 ~ 14 小时以及 24 小时以上才能恢复到运动前水平。恢复过程的异时性为教练员合理安排训练和运动员合理补充营养提供了依据。

（3）超量恢复。

研究证明,在运动后的恢复阶段,被消耗的能源物质含量不仅能恢复到原有水平,在一段时间内甚至会超过原来水平,这种现象称为超量恢复。如不施加新的负荷,超量恢复保持一段时间后又会回到原来水平（图 1-6）。

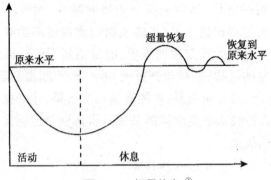

图 1-6　超量恢复 [1]

如果在超量期间适时进行训练,则后继训练就是建立在更高机能、物质水平的基础上。不断重复这一过程必然会使运动员的竞技能力和运动成绩持续提高。超量恢复是运动训练的基本规律,可通过多种有效的恢复手段与措施,加快运动员的恢复速度,保证超量恢复的实现。

2. 恢复方式

游泳训练主要有以下两种恢复方式。

(1) 自然性恢复。

在训练结束后,机体日常作息或处于安静状态以获得恢复。

(2) 积极性恢复。

在训练和比赛之间进行强度较小或其他形式的练习,使机体保持一定的代谢水平以获得恢复。[2]

3. 恢复手段

游泳训练恢复手段主要有以下几种类型。

(1) 运动训练学恢复手段。

通过调节训练处方中的相关因素来达到恢复的目的。运动员在训练中感到明显疲劳后,可以通过慢速放松游的方式来休息,这样能够快速消除血乳酸。

(2) 医学恢复手段。

从医学角度来看,补充营养素、补充能量有助于实现恢复的目的。另外,推拿、按摩、牵拉也可以使肌肉疲劳快速消除。

① 封飞虎,凌波.运动生理学 [M].武汉:华中科技大学出版社,2014.
② 吕雪.游泳运动学练导论 [M].北京:北京体育大学出版社,2018.

（3）心理学恢复手段。

游泳运动员在训练中产生疲劳不仅表现在机体上，也表现在心理上，消除心理疲劳和消除机体疲劳都很重要，所以不能忽视。转移注意力是消除运动员心理疲劳的最佳方式，如引导运动员将注意力转移到听音乐、看电视、绘画等自己感兴趣的事情上，从而放松心情，舒缓压力，保持良好的情绪和心理状态。

第三节　游泳运动训练的原则与方法

一、游泳运动训练原则

（一）优先训练原则

优先训练原则是指在游泳训练过程中，应将技术训练放在前面，在运动员精神状态较佳的时候进行技术训练。

（二）较短距离训练原则

较短距离训练原则是指采用较短的距离进行训练，一般采用 25 米、50 米的短距离来进行训练。

（三）重心稳定原则

重心稳定原则是指在训练中努力使运动员在游进中保持身体重心的稳定性。

（四）合理节奏原则

合理节奏原则是指运动员在训练中要对合理、正确的动作节奏予以掌握，并能控制好节奏。

（五）充分伸展原则

充分伸展原则是指运动员在游进时应保持动作的充分伸展性，身体各部位充分伸展,保持一条直线。

（六）保持流线型原则

保持流线型原则是指在游泳训练中始终强调运动员保持较好的流线型身体姿势。

（七）发展平衡能力原则

发展平衡能力原则是指将平衡力训练和技术训练有机结合起来,在平衡力训练中要注重水中平衡力的训练。

二、游泳运动训练方法

（一）持续训练法

游泳运动员连续不间断地进行训练的方法就是持续训练法。采用这种训练方法时,练习距离要比竞赛要求的距离长,练习速度要比竞赛要求的速度慢,将变速练习和匀速练习结合起来,以促进有氧耐力和心血管机能水平的提升。

持续训练法具有练习量大、练习时间长的特点,但练习强度以中低等强度为主,所以不会给机体造成太大的刺激,也容易取得较为稳定的训练效果,只不过需要较长的时间才能看到比较明显的效果。

1. 训练处方

（1）练习距离。

设定 800～3 000 米甚至更长的游泳距离,运动员连续不间断地游完全程。

（2）练习强度。

以中等强度和低强度为主,心率控制在 130～150 次／分范围内。

（3）练习方式。

练习速度可以是均匀的,也可以中途变化,泳姿以爬泳为主,也可以采用混合泳的方式。

2. 训练要点

（1）在不同周期的训练计划中都可以安排持续训练法,根据运动员的实际需要而确定比例。

（2）在有氧耐力训练中采用持续训练法，可有效提升游泳运动员的专项耐力。

（3）练习速度慢，动作频率不宜过快。由于训练时间长，运动员神经系统接受的刺激也比较单一，容易造成消极影响，所以结束持续训练后可进行短冲速度练习。

（4）以规范的技术动作完成训练。

（二）间歇训练法

间歇训练和持续训练相反，它不是持续不停地进行训练，而是游完一段距离或完成一次练习后进行休息，当机体未充分恢复时再继续练习。在耐力训练中经常采用间歇训练法。该训练方法对提高运动员的有氧耐力和无氧耐力都具有重要意义。

1. 训练处方

（1）练习距离。

练习距离和比赛距离相同或较短一些。

（2）练习量。

完成多次训练或多组训练，每组次数均匀。

（3）练习强度。

最大强度的 75% ~ 95%，心率控制在 130 ~ 180 次 / 分范围内。

（4）间歇时间。

完成一次练习后休息 20 秒左右。

（5）休息方式。

在间歇时间可以完全静止不动地休息，也可以慢速游泳，身体要放轻松。

2. 训练要点

（1）快速间歇与慢速间歇。

间歇有快速间歇和慢速间歇之分，在混合耐力训练中采用前者，以促进游泳运动员专项耐力水平的提升。间歇时间为 30 秒左右或和一次练习时间相同。练习强度以大强度为主。

在有氧训练中采用慢速间歇，时间为 15 秒左右，练习强度以中大强度为主。

（2）不同距离的结合训练。

长距离训练和短距离训练结合起来，先长距离后短距离或先短距离后长距离都可以。

（3）调整间歇时间。

训练距离一定，将间歇时间缩短，强度不变，或将间歇时间延长，增加练习强度。

（4）调整训练距离和间歇时间。

根据训练需要对练习距离和间歇时间进行调整，间歇随着距离而变化，练习强度也要相应有所变化。

（5）递进游。

固定练习距离和间歇时间，练习强度逐渐提升，也就是要逐渐加快游泳速度。

（6）交替游。

将练习距离和间歇时间确定下来，对练习强度进行调整，如快速游的大强度练习和慢速游的小强度练习，交替练习，慢速游主要是为了促进机体的恢复。

（三）短冲训练法

短冲训练法就是短距离冲刺训练，即运动员以自己最快的速度游完规定距离的方法。在无氧耐力训练中，短冲训练法发挥着重要的作用。这种训练方法对提升游泳运动员的肌肉力量、动作速度也有重要意义，而且还能提升神经系统的灵敏性，使运动员的快速游泳技术得到有效改进与显著提升。

1. 训练处方

（1）练习距离。

① 15 米短距离冲刺训练。

② 25 米短距离冲刺训练。

③ 50 米短距离冲刺训练。

（2）练习强度。

以最高速度或超过最高速度的速度游完规定距离，心率保持在120 次 / 分左右。

（3）练习次数。

短距离冲刺训练不宜连续进行多次练习，可以练习几组，每组安排适当的次数。

（4）间歇时间。

间歇时间是练习时间的5倍左右。

（5）间歇方式。

在间歇时间可以完全静止不动地休息，也可以慢速游泳，身体要放轻松。如果冲刺训练是为了促进绝对速度的提升，那么间歇方式就以慢速放松游为首选。

2.训练要点

（1）任何年龄的游泳运动员在任何周期训练计划中都可以安排短冲训练法。

（2）一节游泳训练课可分为准备部分、正式练习和整理部分。如果要采用短冲训练法提高速度，那么适宜在准备部分结束后，即正式练习部分的开始实施该方法；如果采用该训练方法是为了提升冲刺力，那么适宜在正式练习部分快结束时也就是快要进入整理部分时实施该方法。

（3）只有当运动员对游泳技术很熟悉时才能采用短冲训练法，以免不规范的动作对训练效果造成影响。

（四）重复训练法

重复训练法是指在一定时间内反复练习某项技术的方法。在重复训练中，重复次数、练习负荷要以训练任务、目标和运动员的实际情况而安排与调整。运用重复训练法可以提高游泳运动员的无氧耐力水平，提高中枢神经系统的反应能力。

1.训练处方

（1）练习距离。

重复训练中要确定好每次训练的距离，如果以训练力量和速度素质为主，那么每次练习距离不超过50米；如果以发展耐力为主，那么每次练习距离为100～400米。

（2）练习强度。

练习强度和练习距离有关，距离短，强度较大些，距离长，则强度较小些。一般以心率在 180 ~ 200 次 / 分范围内为宜。

（3）重复次数。

由少到多，根据训练距离而决定。

（4）间歇时间。

间歇时间是练习时间的 2 ~ 8 倍，在机体未完全恢复时进行新的训练。

（5）间歇方式。

在间歇时间可以完全静止不动地休息，也可以慢速游泳，身体要放轻松。

2. 训练要点

（1）一般在训练后期或径赛期安排重复训练法，不要集中进行重复练习，每周安排一两次即可。

（2）运动员在重复练习中要有意识地对自身体力进行合理分配，体会速度感，调整练习节奏。

（五）模拟训练法

模拟训练法是指模拟比赛场景进行实战训练的方法。训练时间、训练环境、训练要求均和比赛一样，使运动员提前适应比赛环境，提高运动员的实战水平和适应能力。

1. 训练处方

（1）训练距离。

训练距离和比赛距离相同，但要将总距离分成短距离，进行分段练习。如 100 米项目可分为两个 50 米或一个 25 米、一个 75 米。200 米项目可分为 4 个 50 米或 1 个 100 米和两个 50 米。

（2）训练强度。

每段练习成绩加起来要比一次游泳总距离的成绩好，按照这个原则确定练习强度。

（3）间歇时间。

一般间歇 10 秒左右，可根据游距的增加而适当延长，也可根据游距的缩小而适当缩短，但最短为 5 秒，最长为 14 秒。

2. 训练要点

（1）对于运动水平较高的运动员适合采用模拟训练法。

（2）在赛前进行模拟训练可增强运动员的自信心。

第二章　游泳运动体能素质及科学训练

游泳运动与体能之间的关系非常密切,一名优秀的运动员必须要具备出色的体能,这样才能为运动训练和比赛提供良好的保障。本章在阐述游泳运动专项体能训练特点的基础上,重点讲解游泳运动力量素质、速度素质、耐力素质、协调与柔韧素质的训练方法,以为游泳运动参与者提供必要的指导。

第一节　游泳运动专项体能特点

一般来说,游泳运动的专项体能特点主要体现在力量训练、耐力训练和速度训练等几个方面,下面简单做出一些分析。

一、力量训练特点

与其他运动项目不同,游泳运动员的力量训练主要呈现出以下几个方面的特点,运动员一定要了解这些特点才能更好地参加训练。

(1)游泳运动员的力量素质训练一定要严格遵循既定的顺序和过程,其基本的训练顺序为一般速度训练—爆发力训练—速度耐力训练。这一训练的顺序非常重要,切忌盲目进行。

(2)运动员进行力量素质训练时,一定要把握好重点与难点,要在运动员力量发展的突增时期加强其力量素质的训练,增加运动强度,实现质的飞跃。

(3)在进行力量素质训练时,运动员还要同时进行速度方面的训练,结合速度练习提高自己的力量素质,这样才能取得理想的力量训练效果。

（4）运动员要按照既定的训练计划按部就班地进行力量训练,不能急于求成,否则难以实现理想的力量训练效果。

二、速度训练特点

通过细致地分析游泳运动员的速度训练情况,我们可以清晰地发现运动员的速度素质训练主要包括动作速度训练、反应速度训练及最快速度训练等几个部分,这几个方面的训练都非常重要,需要引起重视。在运动员的速度训练中,对于游泳运动而言,反应速度非常重要,它对于运动员运动成绩的获得具有非常重要的意义。但需要注意的是,这种能力的获得在一定程度上来自遗传。[①]因此,在选择运动员时应注意这一点。

三、耐力训练特点

游泳属于一项有氧与无氧混合耐力运动,加强运动员的耐力素质训练非常重要。一般情况下,运动员在15岁之前的耐力发展是非常缓慢的,而在15岁之后开始逐渐提升。在青少年时期,运动员的耐力训练一般比较困难,经过一段时期的训练或成年之后,运动员的耐力水平就会变得十分稳定。[②]

游泳运动员的耐力训练特点主要体现在以下几个方面:

（1）运动员的耐力训练不是盲目的,需要严格遵循既定的训练计划进行,要以促进运动员机体代谢能力提升为主。

（2）训练的过程中,无氧训练的强度要适当,不能盲目增加,否则就容易给机体带来一定的负担,不利于身体机能的恢复。

（3）运动员要在均匀速度下进行耐力素质的训练,多采用重复训练的手段进行训练。

（4）为提高运动员参加训练的积极性,可以多采用游戏性的训练手段以提高趣味性。

① 王丹.游泳运动体能训练特点分析[J].当代体育科技,2020,10（11）:44+46.
② 朱伟民.游泳运动体能训练特点研究[J].当代体育科技,2018,8（24）:42-43.

第二节 游泳运动力量素质训练

一、力量素质概述

力量素质是指人体肌肉系统工作时克服或对抗内外阻力的能力。内部阻力主要包括肌肉的黏滞力、关节的加固力和各肌肉间的对抗力等。可以说,力量素质是其他人体素质的重要基础,即使其他身体素质得到了很好的发展,但是如果缺乏力量也是不行的。对于所有的运动项目而言,力量素质是其重要的基础,在平时的训练中一定要加强这一素质的训练。

通常来说,人体力量素质主要分为以下几类:

（1）最大力量。最大力量是指机体能够克服的最大阻力的能力。实际上,最大力量与人的体重没有什么关系,而是与人的肌肉体积有关,并且二者之间的关系非常密切。

（2）速度力量。速度力量就是指肌肉在运动时快速克服阻力的能力。这一素质在很多运动项目中都扮演着十分重要的角色。速度力量的形式有很多种,其中,较为特殊且典型的有爆发力、起动力和弹跳力这几种。

（3）力量耐力。力量耐力是指运动时肌肉长时间克服阻力的能力,通常情况下,阻力与运动时间是呈负相关的关系的。游泳运动员加强力量耐力的训练非常重要,这对于提高水中耐力完成训练和比赛具有重要的意义。

二、力量素质训练的方法

（一）上肢力量训练

1. 推小车

训练应在平坦场地进行。在场地上画两条相距 10 ～ 20 米的平行线作为起点和终点。将参与者按前后两人一组分成若干组,前后两人一组,站在起点线后,前面人俯撑分腿于地上作为"小车",后边的人站于俯撑者两腿间,两手握其踝关节并抬起,后者作为"推车人"做好准备。当听到开始口令后,俯撑者用两手交替向前迅速移动,和"推车人"相配合,尽快到达终点,以先到终点的组为胜,然后两人互换,再按此进行比赛。

游戏规则:推车人通过终点为完成游戏;中途翻倒或停止,应从原地重新开始。

2. 持哑铃走迎面接力

游戏方法:训练需准备哑铃两副,并在场地上画相距10米的平行线。将参与者分成人数相等的两队,每队再分成甲乙两组,分别成纵队面对面站在两条平行线后。游戏开始后,各队甲组排头两臂侧平举双手持哑铃向前走,走到对面将哑铃交给乙组排头,站到队尾,同时乙组排头手持哑铃,向对面走,再将哑铃交给甲组的第二人,依次交接哑铃行进,直至最后一人完成,先完成的队为胜。

游戏规则:手持哑铃走时必须保持两臂侧平举,不允许跑;不得抢走,否则视为犯规。

3. 掷靶瞄心

游戏方法:在场地上画一条投掷线,距线8米前的地方并排放3个空水瓶,间隔2米。沙包若干个。把游戏者分成人数相等的四个队,面对空水瓶成纵队站在投掷线后,手拿小沙包。游戏开始,各队第一人用沙包投掷自己前面的空水瓶,击倒者得1分,然后把空水瓶竖起;第二人接着投,依次进行,直至每人均投三次后结束,最后得分多的队获胜。

游戏规则:要听口令进行投击和捡包;击倒别人的空水瓶扣一分。

4. 四面攻击

游戏方法:游戏需在空场地进行,准备沙包4个,小木板1块。在空场地上画一个边长20米的正方形,中间画一个直径2米的圆,将游戏者4人一组分成若干组,先由一组进攻,另一组防守。组织者发令后,攻队每人手持一沙包,按顺时针方向依次向守卫者投掷,防守队出一名游戏者在圆内用小黑板挡沙包,反复进行。如守卫员身体的任何部位被击中,攻队得分,守队换另一人重新防守。在规定的时间内,攻队未击中守卫员,守队得分。每队所有游戏者完成进攻与防守后以积分数量决定胜负。

游戏规则：攻者不得越线投沙包，守者不得出圈；沙包落地时，守卫员可将沙包踢出线外，进攻者可进场地内捡沙包。

5.投弹掷靶

游戏方法：在空地上画一条直线为投掷线，自投掷线向前15米起，每5米画一横线为一个区，共画五个区，由近而远，分别标明2、4、6、8、10的得分号码，准备沙包10枚。把游戏者分成人数相等的甲乙两队，排列在助跑道的两边，各队前五人手拿沙包做好准备，两队各派一人站在落沙包区外作记录员。游戏开始，甲队前五人按顺序依次助跑向前投掷，每沙包落地后记录员即大声报告得分，五人均投完后统一拾沙包，并跑步归队，将沙包交给本队下五位队员后，排至队尾。当甲队队员拾沙包离区后，乙队前五人即助跑向前投，方法同前。各队交叉依次进行，每人均投一次后计算累积分，以积分多的队为胜。

游戏规则：必须用助跑投掷，其他同沙包投掷规则；投出最远区而有效者得20分。

（二）下肢力量训练

1.步步高

游戏方法：训练需要准备踏跳板2块，不同高度的跳箱6架。在场地上画一条直线作为起跳线，线前依次并排放置2块踏跳板、2架一节跳箱、2架二节跳箱和2架三节跳箱。将游戏者分成人数相等的两队，分别成一路纵队面向跳箱站立。组织者发令后，各队列队依次双脚跳在踏跳板上、跳箱上，最后向前跳在地上，然后左队从左侧、右队从右侧跑回起跳线，以全部跑回起跳线最快的队为胜。

游戏规则：发令后才能开始跳跃；游戏者必须用双脚同时向前跳，且依次跳在各个跳箱上，不准漏跳，否则重跳。

2.穿梭跳远

游戏方法：训练前要在在场上画两条相距10米的平行线。将游戏者分成人数相等的两队，各队分成两组，成纵队分别站在平行线后面。发令后，各队排头用立定跳远方式，连续跳到对面拍排头的手后站到排尾，对面排头依次再跳到对面拍下一人的手，依次进行，先跳完的一队获胜。

游戏规则：必须用双脚起跳，双脚落地；拍手后第二人才能开始跳。

3. 火车赛跑

游戏方法：训练需要在平坦场地进行，间隔15米画两条平行线作为起终点。将游戏者分成人数相等的两队，各成纵队站在起点线后，游戏开始前每个队员都把自己的左脚伸给前面的人。左手用手掌兜住后面队员伸来的脚，右手搭在前人的肩上。排头不伸脚，排尾不兜脚，组成一列"火车"。听到出发口令，全队按照一个节拍向前跳动，排头可以走步，以"车尾"先通过终点线的队为胜。

游戏规则：如遇"翻车"或"脱节"，必须在原地接好后方能前进；"列车"完整通过终点才能记成绩。

4. 纵跳摸高

游戏方法：训练要在靠墙的平地上进行，在墙上标出高度，根据高度标出得分号码，高度越高得分越多。将游戏者分成人数相等的2～4队，每队依次纵跳摸高（原地双脚起跳），跳至最高点，手指触摸墙上的标号，摸到几号就得几分，最后，全队队员得分累加，以得分多的队为胜。

游戏规则：必须原地双脚起跳，不得单脚起跳，也不得助跑起跳；以手指尖触摸最高点的标号为本人得分。

5. 负重蛙跳接力

游戏方法：训练需要准备两副轻杠铃（或两个小沙包、两件沙衣）。在空地上画两条相距10米的平行线，分别作为起点线和折返线。将游戏者分成人数相等的两组，成纵队站在横线后，各组第一人肩负重物全蹲。组织者发出口令后，第一人用多级蛙跳前进，到达折返线后，转身跑回，将器材交到本组下一人，游戏继续进行，直到全组完成，最先完成的组获胜。

游戏规则：组织者不发令，不得开始起跳；要全蹲，双脚同时起跳和落地，不合要求者可提醒一次，继续犯规，返回重做。

三、力量素质训练注意事项

运动员在进行游泳力量训练时，要注意以下两个方面的事项。

（一）要依据自身实际尽量采用最大负荷的训练方式

在游泳运动训练中,运动员力量素质训练的主要目的是激发运动员的最大机能和潜力,为各种动作的完成奠定良好的基础。要想实现这一目标,就要求采用的负荷量与强度及在完成每一组和每一次所承受的力量负荷,最终使得参加运动的肌肉能够在收缩过程中能达到精疲力竭的程度。

（二）要持之以恒地坚持力量素质训练

游泳运动项目对运动员的力量素质要求较高,因此一定要在平时加强力量素质的训练。在具体的训练中,训练形式应次数多、组数多且反复、负荷大,由此来保证对肌肉的刺激强度。从根本上来说,发展力量素质的目的在于让运动员承受大负荷,同时,也要不断累积数量,由增加次数或组数的不适应逐渐发展到适应,再增加重量由不适应到适应,最终促进游泳运动员力量素质的进一步提高。另外,在长期的训练中,运动员难免产生厌烦的情绪,因此可以采取变换训练方法与手段的形式训练,以激发运动员训练的积极性。

第三节　游泳运动速度素质训练

一、速度素质概述

速度素质是指人体或某环节快速运动的能力,人体快速完成动作的能力、对外界信号刺激快速应答的能力以及快速位移的能力都属于速度素质的范畴。在人体的各项体能素质中,速度素质扮演着十分重要的角色,在游泳运动中同样如此。加强速度素质的训练是游泳运动训练的必然要求。

一般来说,速度素质主要分为反应速度、动作速度、移动速度和瞬时速度等几种。瞬时速度,即运动中各单一速度或个体速度之间转化、传递的快慢。它是由位移速度、动作速度、反应速度、器械运行速度、个体之间的配合等因素相互作用产生的综合效果,主要从动作环节间的衔接上得到体现,如游泳运动从泳台进入水中的瞬间就属于瞬时速度,这一速度素质对于运动员能否取得理想的比赛成绩具有重要的影响,因此一定要加强训练。

二、速度素质的相关要素

(一)训练强度

大量的研究与实践表明,速度训练中采用不同的强度会产生不同的训练效果,运动员在进行速度训练时,可以结合自身的实际情况合理地安排训练强度。一般情况下,低强度的速度训练不需要专门准备,运动员在准备活动和技术动作学习过程中,就可以进行较低强度的速度训练。而高强度的速度训练则需要有一个准备过程,运动员只有具备一定的力量素质基础和专项技术水平才能参加高强度的速度训练,否则就难以获得理想的训练效果。除此之外,在运动训练中,还要注意运动安全,避免运动损伤。

运动员在进行速度训练的初始阶段,不要过于加大训练强度,否则容易导致运动损伤。一般情况下,训练强度为运动员平时训练最大强度的75%左右。在这一强度的训练阶段,运动员可以对自身技术动作的速度节奏进行调节。随着运动训练的不断深入,在身体适应的条件下逐步增加训练强度。

需要注意的是,运动员在高强度下进行技术训练具有一定的难度。因此,可以采取一些特殊的训练手段来使运动员不断超越原有的速度限制,从而促进训练的顺利进行,弹力绳牵引训练、高原训练等都是有利于运动员速度素质不断强化的训练手段。

速度训练不是盲目的,而是遵循一定的规律与原则,同时还要按照一定的顺序进行训练。

(1)通过一般训练来掌握运动技术。

(2)掌握完整的运动技术。

(3)通过专项技术训练掌握精细复杂的运动技术。

(4)通过专项速度训练提高完成技术动作的速度能力。

在训练的初期,运动员一般应该在较低的动作速度下学习运动技术,并保持稳定的技术水平。但是,在训练初期,就应该通过提高训练强度来促进运动员技术稳定性的保持。这有利于运动员从较低速度下学习运动技术顺利过渡到最大速度下掌握运动技术。

在长时间的速度训练中,为了避免出现明显的疲劳症状,运动员在训练前一定要做好充分的准备活动。然后根据一定的顺序参加运动训练,其顺序为速度训练—耐力训练—力量训练。

(二)训练负荷量

在运动训练中,运动员训练负荷安排是否合理非常重要。负荷量和负荷强度之间具有相应的关系。如果运动员在速度训练中采取最大的负荷强度,那么其负荷量就无法达到最大。除此之外,当运动员开始对新的速度水平有所适应并能够使这一水平保持稳定时,就必须继续增加负荷强度来进行技术训练。

运动员在进行速度素质的训练时,一定要结合自身的具体实际合理安排训练负荷量,具体来说,需要注意以下几点:

(1)较少重复次数,较多组次和高强度。

(2)采用运动员达到最大跑速的最短距离发展加速能力。

(3)采用适宜的练习距离。

(4)运动员可以采用助力达到最高速度,以减少疲劳的影响。

(5)对运动员保持最大速度距离的最佳水平及时加以了解。

(三)训练密度

训练密度的安排是否合理也将直接影响运动员训练的效果和质量,运动员在以最大跑速进行训练时,两个跑次之间必须安排一定的间歇时间,以使机体的工作能力能够完全恢复到正常状态,但这个恢复时间又不能太长,否则难以使神经系统维持兴奋状态,也难以使体温维持最佳状态。以最大跑速进行训练时,如果气候比较温暖,两个跑次之间一般安排 4 ~ 6 分钟的恢复时间,但是如果气候比较寒冷,采用这一间隔时间就不太合适,而应该适当增加间隔时间。

在每个跑次之间安排适宜的恢复时间主要是为了在每个跑次训练中都能取得良好的训练效果,而且为了保证获取最佳训练效果,运动员在每个跑次练习之前还应该做好准备活动。通常一个训练单元中安排 2 ~ 3 组练习,每组有 3 ~ 4 个跑次。

（四）训练阶段划分

对训练过程进行阶段划分,主要就是按照一定的周期有序组织训练频度、训练强度和训练量,以使运动员达到最佳竞技状态,并更好地迎接重要的比赛。在年度训练的专门准备期和比赛期中,尤其要重视运动员的速度训练。

通常来说,可以将整个训练周期分为准备期、适应期和比赛期三个阶段。在准备期的训练中会增加练习负荷量,以此来为适应期的训练中增加负荷强度做准备。在最后阶段——比赛期进行训练的主要目的是提高和稳定比赛成绩。

1. 准备期

在准备期进行速度训练的目的是促进运动员弹性力量、有氧耐力、灵活性和技术动作效率的提高。

这一阶段的训练主要采用一般训练和专门训练相结合的方法进行。游戏、法特莱克跑是一般训练中经常会采用的方法;跳跃练习、技术练习是主要的专门训练手段。在技术训练中,必须调整练习的强度。但是在准备期的整个训练过程中,运动员必须保持放松,保持稳定的训练节奏。如果运动员的力量和步频在提高后对专项技术的稳定性造成了影响,就应该适当减小练习强度,以便使运动员的技术水平能够保持稳定。在技术训练中,运动员应该在运动过程上集中注意力,在结束阶段可以做一些加速练习,以增强训练的效果。

2. 适应期

在适应期阶段,运动员可以加强速度、速度耐力和弹性力量等的训练,在这一阶段可以结合游泳专项进行训练。运动员速度素质的发展受诸多因素的影响,当这些因素都起作用时,我们需要对一些次最大强度和最大强度的训练内容进行安排。需要注意的是,运动员在训练前一定要做好充分的准备活动,可以做一些柔韧性与灵活性练习,促进机体尽快进入运动状态。

3. 比赛期

一般来说,比赛期阶段的训练计划中应加入弹性力量、积极的恢复和低强度的训练单元。此外,这一阶段又可分为不同的周训练小周期,每个小周期又有 2 ~ 4 个训练单元,在每个训练单元中应适当加入最大强度的速度练习内容。需要注意的是,在比赛期结束阶段,还应加入速度耐力训练的内容,强度为次最大强度和最大强度,其目的在于提高训练的效果和质量。

三、速度素质训练的方法

(一)原地支撑摆腿

练习方法:躯干保持正直,大腿积极高抬,约与地面平行,支撑腿充分蹬直,上肢摆臂动作与下肢腿部动作协调。练习时,头颈部和肩带放松,大腿和小腿自然折叠,抬腿时避免躯干前倾。练习 3 ~ 4 组,每组做 20 次(左右腿交替进行),组间间歇 1 分钟。

强化练习:在髋、膝、踝等部位系弹力带,利用弹力势能增加阻力,增强蹬摆的效果;支撑脚踩平衡盘,在不稳定的条件下增强身体的控制与协调能力,在本体感觉得到强化的基础上,有效提高核心部位的工作强度,进而为提高速度奠定基础。

(二)速度跑练习

1. 后蹬跑

练习方法:蹬地腿用力蹬伸,积极伸展髋、膝、踝三个关节,摆动腿屈膝前顶送髋,大小腿折叠,小腿放松并自然下垂,脚掌着地瞬间用力扒地,手臂积极摆动,躯干始终保持稍前倾。提膝时大小腿角度也应控制在 90° 左右,摆动腿同侧髋积极前送。练习 3 ~ 4 次,每次跑 30 米,次间间歇 2 分钟。

强化练习:

手扶墙后蹬跑:躯干近端有支撑,有利于核心部位保持稳定,控制重心,避免过分起伏,同时还能有效地提高快速后蹬的频率。

持哑铃后蹬跑:增强摆臂力量及躯干控制能力,进而增大腿前摆的幅度。

踏标记后蹬跑:不同间隔的标记有利于调整幅度、增大幅度或提高频率。

2. 高抬腿跑

练习方法：大腿积极向前上摆到水平或水平以上，踝关节放松，落地时大腿积极下压，上体正直或前倾，快速摆臂。练习时身体保持正直或稍前倾，肩带放松，摆臂时手的位置不要高于下颚。练习 3 ~ 4 组，每侧腿每组做 20 次，组间间歇 1 分钟。

强化练习：

行进间踏上标志（可用绳梯或画好格子）：提高频率，增强灵敏性。

倒退高抬腿跑：进一步强化发力部位的运动感觉。

持哑铃高抬腿跑：增强核心部位的控制能力，提高用力效果。

穿沙背心、腿部缠戴小沙袋：增大阻力负荷，增加练习后的痕迹效应。

上楼梯、上坡高抬腿跑：利用重力势能增强练习效果。

下坡高抬腿跑：利用重力势能，加快频率。

（三）起跑与加速跑

练习方法：双脚前后站立，距离一脚到一脚半，屈膝降重心，身体前倾，前腿异侧臂屈肘在前；听到"跑"的信号后，两脚用力蹬地，迅速向前冲出，重心前移快速起动，摆动腿的膝关节迅速有力地向前上方摆出，支撑腿在摆动腿积极前摆的配合下，快速有力地伸展髋、膝、踝三个关节，蹬离地面，使支撑腿与摆动腿协调配合，头部正直，上体稍向前倾，两臂前后摆动要轻快有力。练习时前几步不宜过大，以免造成重心起伏而影响蹬地的效果。另外，加速跑的前几步双脚着地并不完全在一条直线的两侧，而是相对较宽，以增加身体的稳定性，进而增强蹬地的效果。练习 3 ~ 4 次，每次跑 30 米，次间间歇 2 分钟。

强化练习：

双脚并立起跑：体会身体重心的利用。

反向起跑：背对跑进方向，提高快速反应及灵活应变能力。

小步跑、高抬腿、后蹬跑接起跑：提高运动中加速和变速能力。

上下坡起跑：利用重力势能提高频率或增强腿部力量。

（四）变速跑

练习方法：加速时，上体前倾，前脚掌快速蹬地，同时迅速摆臂，加快频率，两臂积极摆动，频率要快。减速时，上体直起，步幅加大，用前脚掌着地,缓冲减速,减速要循序渐进。练习时强调动作幅度,充分利用身体重心调节起跑和急停的时机与角度。练习 3 ~ 4 次,每次跑 40 米,次间间歇 2 分钟。

强化练习:

听信号、看颜色练习:提高对不同性质刺激物的应答能力。

各种运动场地的限制线间跑动(如篮球场、排球场端线与中线间的往返跑等):体会不同距离间的起动、急停感觉,提高变速能力。

四、速度素质训练注意事项

（一）科学合理地安排速度素质训练的时间与顺序

速度素质对于游泳运动员而言非常重要,只有拥有良好的速度素质,运动员才能掌控比赛的节奏,顺利完成比赛。通常情况下,速度素质训练应安排在运动员具有良好的精神状态之时,如此才能取得理想的训练效果。

在游泳速度素质训练中,还要注意训练顺序的安排,通常来说,速度训练应安排在力量训练之前,在具体的训练过程中,教练可以指导运动员进行一些快跑或跳跃动作的练习,然后再安排一些力量性训练,这一顺序不能打破,这是游泳速度训练中应强调的一点。

（二）速度训练应与专项运动相结合

游泳速度训练不能单独进行,这不能很好地提高运动员的综合素质,而是应将速度素质与运动专项结合起来进行。具体而言,就是指把所需的快速动作能力与具体项目的特有表现形式结合起来,根据项目特点和技术动作的要求加强感受器与运动器官一致性的训练,如游泳的反应速度练习,应着重提高运动员听觉的反应能力。这样才能促进运动员速度素质的提高。

（三）个人情况和训练安全相结合,避免运动损伤

1. 个人情况与训练相结合

速度素质训练的安排一定要科学和合理,除了遵循一定的训练原则

之外,还要结合青少年的身体特点及运动基础进行。值得特别注意的是,在速度素质训练之间要保证运动员身体疲劳的完全恢复,训练的过程中要重视动作的准确性与规范性,要循序渐进地进行速度素质的训练,切实提高训练水平。

2. 保证运动训练环境的安全

为保证速度素质训练的效果,运动员还需要注意运动训练环境的安全。如果在训练过程中,运动员不注意力量以及动作幅度、动作频率等的限度,就容易导致运动损伤。一般来说,发生运动损伤的危险性还是比较高的。因此一定要保证有一个安全的训练环境。

3. 做好充分的准备活动

运动员参加速度训练前一定要做好充分的准备活动,这样才能有效避免运动损伤。如果准备活动不充分,会引起人体肌肉放松能力下降,容易导致运动损伤。因此,一定要做好充分的准备活动。

4. 结合训练时间和天气情况进行训练

一般情况下,运动员速度素质的训练最好安排在上午,并且还要安排合理的训练强度,不能过大或过小。在训练的过程中,如果肌肉出现酸痛或其他不适感,就需要停止训练做必要的检查。另外,还要根据天气情况选择合适的服装,避免运动损伤。

5. 采用按摩、放松等训练手段

运动员在进行速度素质训练后,身体机能会出现一定的疲劳现象,这是非常正常的,为促进身体机能的恢复,可以采用一些放松练习或者按摩的方式,在按摩时可以擦一些有利于促进血液循环的药品,通常能取得不错的恢复效果。

第四节　游泳运动耐力素质训练

一、耐力素质概述

耐力素质指的是人体在长时间工作或运动中克服运动疲劳的能力。这一耐力素质在一定程度上反映了人体健康水平或体质强弱,因此无论是作为普通人还是专业的运动员,都要重视自身的耐力素质训练。需要注意的是,人体各项体能素质并不是独立存在的,与其他体能素质之间存在着极为密切的联系。以耐力素质为例,耐力素质可以与力量、速度素质等相结合,形成力量耐力和速度耐力。这些素质都是运动员应具备的重要的体能素质。

二、耐力素质训练的方法

(一)有氧耐力训练

(1)水中快走或大步走。水中快走与大步走训练是在深度及大腿的水池中进行。练习方式为安排 4 ～ 5 组,每组 150 ～ 300 米,每组间隔时间 5 分钟,运动强度设置为 50% ～ 55% 最大摄氧量。

(2)定时走。在平坦场地做自然走或加快走练习。练习方式为,练习时间 30 分钟,运动强度设置为 40% ～ 50% 最大摄氧量。

(3)大步走、交叉步走或竞走。在平坦场地做大步快走、交叉步走或几种走交替进行的练习。练习方式为安排 4 ～ 6 组,每组 1 000 米,每组间隔时间 3 ～ 4 分钟,运动强度设置为 40% ～ 50% 最大摄氧量。

(4)沙地连续走或负重走。海滩沙地徒手快走或负重(杠铃杆或背人)走。练习方式为安排 5 ～ 7 组,每组 400 ～ 800 米,然后再进行负重走 200 米,每组间隔时间 3 分钟,运动强度设置为 45% ～ 60% 最大摄氧量。练习时应控制心率低于 160 次 / 分钟。

(5)沙地竞走。在沙滩上进行竞走练习。练习方式为安排 4 ～ 5 组,每组 500 ～ 1 000 米,每组间隔时间为 3 分钟,运动强度设置为 55% ～ 60% 最大摄氧量。

(6)竞走追逐。在平坦场地中两人一前一后相距 10 米进行竞走追逐练习。练习方式为安排 4 ～ 6 组,每组 400 ～ 600 米,每组间隔时间 2 分钟。

(二)无氧耐力训练

(1)陆地无氧耐力训练。

①反复起跑。做起跑练习,起跑后继续跑进 30 米,每组 3 ～ 4 次,共安排 3 ～ 4 组,每次间隔时间设置为 1 分钟,每组间隔时间设置为 3

分钟。

②计时跑。做短距离重复计时跑。共安排4～8组,每组间隔时间设置为3～5分钟。训练强度设置为70%～90%最大摄氧量。在设定训练强度时要依据跑动距离而定。

③反复连续跑台阶。做跑台阶练习,台阶数量为30～40个,要求每步迈2级台阶,每组间隔时间设置为5分钟。训练强度设置为65%～70%最大摄氧量。

④变速越野跑。在越野路段慢跑,然后做距离为1 000米的快速跑,然后再做100米的冲刺跑,训练强度设置为60%～70%最大摄氧量。

⑤综合跑。做多种方向的跑。练习安排为3～5组,每组安排一种跑步方式,跑动距离为50～100米,每组间隔时间设置为3～5分钟,训练强度设置为60%～70%最大摄氧量。

⑥运球绕障碍。在球场中摆放障碍物若干,障碍物彼此间的距离为2米。开始后训练者做快速运球绕障碍物往返跑。练习安排为3～5组,每组3～5次,每组间隔时间设置为5分钟。要求运球过程中不得触碰障碍物。

⑦全场跑动传接球。两人一球,在场地端线外准备。开始后两人互相传球跑向另一端线,然后折返。练习安排为4～6组,每组往返4次,每组间隔时间设置为8～10分钟,训练强度设置为60%～70%最大摄氧量。每组间隔中当训练者的心率降至100次/分钟后再开始下一组训练。

⑧跳绳跑。单摇跳绳跑200米,安排5～8次,每次间隔时间设置为5分钟。训练强度设置为60%～70%最大摄氧量。每组间隔中当训练者的心率降至120次/分钟后再开始下一次训练。训练结束后时心率达160次/分钟。

⑨双脚或两脚交替跳藤圈。训练者手握藤圈,做原地双脚跳藤圈练习。练习安排为4～5组,每组50～60次,每组间隔时间设置为3分钟。训练强度设置为50%～60%最大摄氧量。

⑩两人传球—绕障碍运球—跑动射门的组合训练。两名训练者持一球在足球场端线外准备。开始后向中场方向互相跑动传球,过中场后两人交叉运球,传接绕障碍,障碍的摆放方式为每隔2米放置一个标志杆,共摆放10个,然后射门。练习安排为4～6组,以往返2次为一组,每组间隔时间设置为5分钟,训练强度设置为60%～65%最大摄氧量。

（2）水中无氧耐力训练。

①水中间歇高抬腿。在水深及大腿的池中做原地高抬腿练习,练习安排为 4 ~ 6 组,每组 100 次,每组间隔时间设置为 3 分钟,训练强度为 60% ~ 65% 最大摄氧量。如果在池中做高抬腿跑练习,则每组间隔时间可为 4 ~ 5 分钟。

②分段变速游泳。以 50 米为距离单位做变速游泳练习,练习安排为 4 ~ 5 组,每组 250 ~ 300 米,每组间隔时间设置为 10 分钟,训练强度为 65% ~ 75% 最大摄氧量。在快速阶段中的游进速度应为最快速度的 70% 以上。

③水中变姿变速游。以 50 米为距离单位做变姿变速游泳练习,练习安排为 4 ~ 5 组,每组 250 ~ 300 米,每组间隔时间设置为 10 分钟,训练强度为 65% ~ 75% 最大摄氧量。游进的速度应包含慢、中、快三种。

④水中短距离间歇游。做不同距离的间歇游泳练习。练习安排为 3 ~ 4 组,每组 3 ~ 4 次,每次间歇 2 ~ 3 分钟,每组间隔时间设置为 10 分钟,训练强度为 60% ~ 70% 最大摄氧量。游进的速度应包含慢、中、快三种。

⑤水中追逐游。两人在出发前彼此相距 3 ~ 5 米,出发后后面的人追逐前面的人,两人采用同一种泳姿,以 50 米为单位做往返。练习安排为 3 ~ 5 组,训练强度为 65% ~ 75% 最大摄氧量。训练中的运动者心率不低于 160 次 / 分钟。

⑥游泳接力。两人或四人以 50 米为距离做往返接力练习,泳姿不限。练习安排为 3 ~ 4 组,每人游 4 次为一组,每组间隔时间设置为 5 ~ 8 分钟,训练强度为 60% ~ 70% 最大摄氧量。

（三）肌肉耐力训练

肌肉耐力素质训练的内容大部分与力量素质训练相同,但不同点在于耐力素质训练的强度更小一些,而训练的持续时间和重复次数则更多。根据不同运动项目的特点,选择不同匹配比例的训练。由于体育运动对人的四肢有更多的运用,因此在训练中应着重强调对这些部位的耐力训练。具体的肌肉耐力训练方式有以下几种。

（1）增强上肢肌肉耐力训练。

①拉胶皮带。拉胶皮带的练习要与运动专项练习相结合。常见的

拉胶皮带的练习有拉胶皮带扩胸或拉胶皮带支撑高抬腿,在练习时拉动的力量和次数要以运动者的身体素质为依据,训练强度为55%～60%最大摄氧量。

②连续引体向上或屈臂伸。做连续引体向上或屈臂伸练习。练习安排为 4 ～ 6 组,每组 20 ～ 30 次,每组间隔时间设置为 5 分钟,训练强度为 50%～ 60%最大摄氧量。

③双杠支撑连续摆动。做双杠上直臂支撑摆动练习。练习安排为 4 ～ 5 组,每组 40 次,每组间隔时间设置为 3 分钟,训练强度为40%～ 55%最大摄氧量。要求摆动的幅度为两腿高于杠的水平面,过程中两腿应保持并拢。

④双杠支撑前进。在双杠上做直臂支撑前行的练习。练习安排为 3 ～ 5 组,每组往返 5 次,每组间隔时间设置为 5 分钟,训练强度为50%～ 55%最大摄氧量。

⑤吊环或单杠悬垂摆体。在吊环上或单杠上做直臂悬垂练习或摆锤练习。练习安排为 4 ～ 5 组,每组 30 次,每组间隔时间设置为 5 分钟,训练强度为 50%～ 55%最大摄氧量。摆动过程中要求身体始终保持直立,摆动幅度越大越好。

⑥手倒立。独立做手倒立练习。练习安排为 3 ～ 4 组,每组倒立时间为 2 ～ 4 分钟,每组间隔时间设置为 5 分钟,训练强度控制在40%～ 50%最大摄氧量。

(2)增强下肢肌肉耐力训练。

① 1 分钟立卧撑。原地站好准备,开始后做立卧撑练习。练习安排为 4 ～ 6 组,每组 1 分钟,每组间隔时间设置为 5 分钟,训练强度为50%～ 55%最大摄氧量。为了增加运动者的训练负荷,还可穿上沙背心做该练习,或是将站起加上一个跳起的动作,如此训练可以 30 次为一组,每组间隔时间为 10 分钟。

②重复爬坡跑。在15°～ 20°的斜坡上做上坡跑练习。练习安排为 5 次,跑动距离不低于 250 米,每次间隔时间设置为 3 ～ 5 分钟,训练强度为 60%～ 70%最大摄氧量。

③连续半蹲跑。半蹲的标准为大小腿成100°角左右的弯屈度,在这个姿势下跑进 50 ～ 70 米。练习安排为 5 ～ 7 次,每次间隔时间设置为 3 ～ 5 分钟,训练强度为 60%～ 65%最大摄氧量。该练习可不对跑动速度作要求。

④连续跑台阶。做连续跑台阶练习。台阶高度为20厘米,每步迈2级,连续跑30～50步,重复6次,每次间隔时间设置为5分钟,训练强度为55%～65%最大摄氧量。间隔休息时应将心率恢复到100次/分钟以下,再行开始下一次练习。为增加负荷,可在练习时给运动者的腿上戴上沙袋。

⑤沙滩跑。在沙滩上做自由跑练习。练习安排为4～6组,每组500～1000米,每组间隔时间设置为10分钟,训练强度为50%～55%最大摄氧量。练习没有对速度做出明确要求,但要求有快速与慢速的显著变化。

⑥逆风跑或负重耐力跑。在有大风的天气下做持续长距离逆风跑练习。练习安排为4～6次,每次间隔时间设置为5分钟,训练强度为55%～60%最大摄氧量。

⑦连续换腿跳平台。在平台高度30～45厘米前做两腿交替跳平台练习。练习安排为3～5组,交替次数为60～100次,每组间隔时间设置为3分钟,训练强度为55%～65%最大摄氧量。练习中要求上提保持正直,两臂自然摆动。

⑧长距离多级跳。做长距离多级跳练习,练习安排为3～5组,每组跳80～100米,每组间隔时间设置为5分钟,训练强度为60%～70%最大摄氧量。

⑨半蹲连续跳。采取半蹲姿势做连续双脚跳练习。半蹲的标准为膝关节弯屈的角度为90°～100°。练习安排为3～5组,每组20～30次,每组间隔时间设置为5分钟,训练强度为55%～60%最大摄氧量。

⑩连续深蹲跳。原地做连续深蹲跳起练习。练习安排为3～5组,每组20～30次,每组间隔时间设置为5～7分钟,训练强度为55%～65%最大摄氧量。练习要求为落地即起。

⑪沙地负重走。在沙地上做负重走练习。练习安排为5～7组,每组200米,每组间隔时间设置为3分钟,训练强度为55%～60%最大摄氧量。练习中应使运动者的心率达到130～160次/分钟。负重的方式可选择为肩扛杠铃杆、背人等。

⑫沙地竞走。在沙地上做竞走练习。练习安排为4～5组,每组500～1000米,每组间隔时间设置为3分钟,训练强度为55%～60%最大摄氧量。练习时要求竞走的动作要规范,速度尽量保持快速。

⑬沙地后蹬跑或跨步跳。在沙地上做后蹬跑或跨步跳练习,练习安排为3～5组,后蹬跑每组80～100米,跨步跳每组50～60米,每组间隔时间设置为5分钟,训练强度为55%～70%最大摄氧量。

⑭负重连续转跳。做原地负重转跳。练习安排为6～8组,每组30～50次,每组间隔时间设置为3～5分钟,训练强度为40%～50%最大摄氧量。负重的方式可选择为肩扛杠铃杆或持铅球等。

三、耐力素质训练注意事项

（一）及时合理地补充训练中丢失的能量

长时间的耐力训练通常会消耗运动员机体大量的能量,这时就需要额外补充能量以维持机体运动的需求。这样运动机体才能更快地恢复及获得超量能源的储备。在充足的能量储备下,下一次的训练才能安全和有效。尤其是对于参加游泳训练和比赛的运动员而言,及时补充能量非常重要。

（二）加强运动训练中的医务监督

长时间的耐力训练,会使运动员的机体出现一些问题,为保证运动训练的顺利进行就需要采取有针对性的措施和手段加以解决。如果在身体条件欠佳和能量不足的情况下继续参加训练,人体各系统功能就容易受到损害。因此,加强运动员的医务监督非常重要。

一般情况下,医务监督主要包括机能评定与运动员负荷安排的承受情况。运动员的机能评定应包括血压、心率和自我感觉等内容;运动员负荷安排的承受情况则主要通过运动员的技术动作变异程度、面部表情变化等来确定。运动员在参加游泳运动训练时一定不要忽略了医务监督。

（三）注意呼吸的节奏与动作相一致

作为一名游泳运动员,在进行耐力素质训练时,通常会出现每分钟耗氧量与氧供给量之间不平衡的现象,如果不及时进行处理,就容易出现问题。因此在训练的过程中一定要注意呼吸的节奏与节奏的合理把握。在具体的耐力素质训练中,可以适当加深以呼吸深度为主的供氧能力训练,保证呼吸与动作相协调,如此才能取得理想的训练效果。

（四）遵循体能训练的基本原则

游泳耐力训练需要注意以下基本原则：

（1）有效性原则。有效地提高运动员地专门耐力水平。

（2）周期性原则。运动员的耐力素质训练呈现出鲜明的周期性特征,训练中一定要根据这一特征合理安排训练的周期。

（3）一致性和协调性原则。专项耐力训练要与一般耐力训练相结合。

（4）针对性和持续性原则。运动员的耐力素质训练要有针对性和持续性。

（5）控制性原则。运动员耐力素质的培养与训练,需要高效率的控制,只有如此才能取得理想的训练效果。

（五）构建一个健康合理的饮食结构

为保证耐力素质训练的顺利进行,还需要构建一个科学合理的饮食结构,这对于参加耐力素质训练而言是非常重要的。只有如此才能保证运动员在训练中对能量的需求。因此,在平时的生活与训练中,运动员一定要养成良好的饮食习惯,摄取充足的营养。

（六）注意运动员意志品质的培养与提高

游泳耐力训练可以说是非常枯燥的,运动员没有良好的意志品质是难以完成的,因此教练员还要重视运动员意志品质的培养。需要注意的是,在培养运动员意志品质的过程中,要注意运动负荷的合理安排,不能盲目地加大运动负荷, 运动负荷不能过大也不能过小,过大容易引起运动损伤,过小则无法取得理想的训练效果。

第五节 游泳运动协调与柔韧素质训练

一、协调与柔韧素质概述

(一)协调素质

协调素质是指为完成特定的动作,达到一定的运动目的,身体各器官系统与运动部位协同配合工作的能力的能力。协调素质是综合性运动素质,其包含复杂的活动。为便于理解,可将这一复杂活动概括为大脑预测与评价输入的信息,并做出调整与反应。

我们可以通过运动神经学习原理来理解协调性活动。运动神经学习程序如下:

(1)感官接收器受到来自肌肉运动的刺激。

(2)感官接收器向信息处理器——中枢神经系统传送信息。

(3)中枢神经系统执行工作,对接收的信息进行调整与改善。

(4)中枢神经系统通过运动神经通路向相应的肌肉传递信息,使肌肉顺利进入工作状态。[①]

运动神经学习过程也可以被看作是人体动作行为的一系列变化过程。这一变化具有系统性,先获得技能,然后完美表现动作技能。在动作技能学习中,如果感觉有难度,不理解学习过程,可以先把程序明确下来,如图 2-1 所示。

(二)柔韧素质

柔韧素质是指人体各个关节活动范围及肌肉、韧带的伸展能力。根据柔韧素质的概念,我们可以发现柔韧一个指的是关节活动幅度的大小,一个指的是跨过关节的肌肉、肌腱、韧带等软组织的伸展性。其中,关节的活动幅度主要取决于关节本身的装置结构。跨过关节的肌肉、肌腱、韧带等软组织的伸展性,通过长期的训练就能获得发展。柔韧素质

---

① Bill Foran.高水平竞技体能训练 [M].袁守龙,刘爱杰,译.北京:北京体育大学出版社,2006.

对于游泳运动员而言也具有十分重要的作用。一般来说,柔韧素质的作用主要体现在以下几个方面。

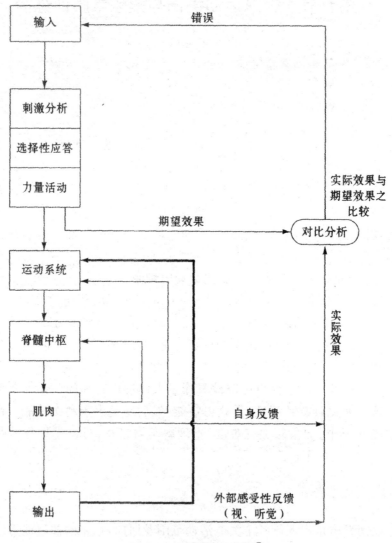

图 2-1 动作学习过程①

(1)促使运动时关节的活动幅度有所增加。

(2)促使完成动作时的精确性和稳定性有所提升。

(3)促使运动员运动效率的提升。

---

① Bill Foran.高水平竞技体能训练[M].袁守龙,刘爱杰,译.北京:北京体育大学出版社,2006.

（4）预防运动损伤，防治肌肉拉伤。

（5）提升肌肉质量以及肌肉良好功能（弹性、爆发力等），另外还能有效预防肌肉僵硬即肌肉损伤。

二、协调与柔韧素质训练的方法

提高人体协调与柔韧素质的训练方法有很多，运动员可以采取以下方法促进自身协调与柔韧素质的提高。

（一）锥形轮子训练

（1）将若干锥形圆圈（半径 3～5 米）竖立在地上，保持适宜间距。

（2）从一个锥形物出发向另一个锥形物跑进，每通过一个锥形物时完成一个专项运动技术，将专项技能与跑的练习结合起来。

（二）一个接一个的活动训练

（1）选择一个运动场地，场地大小规格依据练习者的运动水平而定，水平越高，场地越大。场地上摆放一排箱子。

（2）练习者分两排站在箱子两侧，面对面，其中一排是主要练习者，另一排负责干扰。

（3）负责干扰的队员向练习者扔沙包等物体，主要练习者面对正对面队员的干扰，要迅速移动闪躲，躲开干扰，闪躲过程中还要保持身体平衡，防止摔倒。

（4）一旦练习者被击中，就与干扰者互换角色。

（三）扔球训练

（1）练习者站在球上保持平衡，同伴手持球，距离练习者 4 米左右，两人面对面。

（2）同伴松手扔球的瞬间，练习者以最大速度向球的方向冲刺，注意通过摆臂来提速。尽可能在球第一次落地反弹后将球接住。

（3）每成功接球一次，练习者与同伴的距离就增加 1 米，以不断提升练习难度。

（四）袋鼠跳训练

将练习者分成人数相等的两队，两队间隔一定距离成纵队站在起点线后。游戏开始，每队第一人听教练员信号，迅速跳进麻袋，双手提着麻袋口，双脚跳跃，过折返线后钻出麻袋，提着麻袋跑回，交给第二人。第二人继续练习，以此类推，两组最后一人跑回起点线则结束游戏，先完成的队获胜。

（五）跳长绳训练

将练习者分成两组，每组先选出两人摇绳，其他人陆续全部进入绳中连续跳绳，跳绳停摇为一局，每局进入跳绳人数多的一方或全部进入后跳绳次数多的一队获胜。

三、协调与柔韧素质训练注意事项

（一）协调素质训练注意事项

1. 注重评估

运动员协调素质的训练，评估是必不可少的内容。通过评估，科学设计协调能力的训练方法，使运动员通过练习而积极发展综合体能素质与各素质的相互协调能力。需要注意的是，在评估中要综合考虑运动员的性别、年龄、当前运动水平、特长技术以及制约其竞技能力发展的因素，要观察分析运动员哪些素质的发展比较滞后，优先发展落后素质，然后将各方面素质协调起来促进综合体能素质与竞技能力的提升。

2. 制订好训练计划

制订协调素质训练计划，需要注意以下几个方面的要求：

（1）明确训练目标，主要包括终极训练目标、阶段训练目标、单元训练目标和训练课目标等内容。

（2）将简单练习放在复杂练习之前，将闭合性技能练习放在开放性技能练习之前，将一般运动技能练习放在专项技能和特技练习之前。

（二）柔韧素质训练注意事项

1. 柔韧素质与其他素质共同发展

在游泳体能柔韧素质训练中，柔韧素质的培养与训练还要与其他素质共同发展，因为柔韧素质与其他素质之间都有着极为密切的联系。换言之，每一种身体素质的发展都会影响体能的整体水平，而各个身体素质之间，也有着密切的联系，要想获得理想的柔韧素质训练效果，就必须要与其他素质结合起来共同发展。

2. 严格把控柔韧素质训练的时间

运动员还要注意柔韧素质训练的时间，一般情况下，早晨进行柔韧素质训练的效果会有明显降低，所以早晨可做一些强度不大的"拉韧带"的练习。一日之中在10～18时人的体能表现出的柔韧素质比较好，此时可进行一些强度较大的柔韧性练习，练习时间的长短因人而异。

3. 柔韧素质训练要保持持久性

要想取得理想的柔韧素质训练效果，短时间的训练是不行的，长期坚持训练才能实现既定的目标。在柔韧素质训练的过程中，运动员一定要严格遵循循序渐进的基本原则。在进行肌肉拉伸训练时，往往会有疼痛的现象出现，此时进行拉伸练习时就需要引起重视，不能急于求成，要按部就班地参加训练。

第三章　蛙泳技能科学训练指导

蛙泳是一种常见的游泳姿势,也是一个相对独立的游泳项目。蛙泳项目从产生到现在,随着不断的发展与普及,技术越来越完善,竞技成绩越来越突出,并成为大众水中健身和游泳运动员专项训练的主要内容与手段。很多游泳运动员都擅长蛙泳,熟练掌握游泳技能对提高游泳运动员的竞技能力具有重要意义。因此游泳运动员要重视蛙泳技能训练,在科学训练中提高自己的蛙泳技能水平和游泳竞赛成绩。本章主要就蛙泳技能训练展开研究,首先阐述蛙泳运动的基本知识。

第一节　蛙泳概述

一、蛙泳的起源与发展

蛙泳运动从起源到现在经历了漫长的发展历史,下面简要分析蛙泳运动的起源与发展历程。

(一)起源

蛙泳是常见的一种泳姿,蛙泳这一名称的由来与其模仿青蛙游泳动作有直接的关系。和仰泳、蝶泳等其他泳姿相比,蛙泳的历史最悠久。和蛙泳有关的史料记载早在 2 000 ~ 4 000 年前就已经出现了,我国、埃及、罗马等国家都有相关记载。蛙泳早期出现在欧洲国家,被人们称作"青蛙泳"。当时蛙泳的动作特点主要表现为两腿分开,两膝之间保持比较宽的距离进行蹬夹水,身体比较平衡,姿势相对稳定,游泳时不费力,而且方便呼吸,这也是很多游泳爱好者都喜欢采用蛙泳泳姿的一个重要原因。但是蛙泳的速度并不快,所以在自由泳比赛中蛙泳不受运动员的欢迎。

（二）发展

蛙泳运动的发展历史主要从蛙泳技术的变化中体现出来。蛙泳技术的发展历程大致包括以下几个时期。

1. 传统蛙泳时期

在蛙泳运动发展的早期，游泳运动员主要通过将划水路线延长而提高游速。运动员手臂划水到大腿两侧，两腿屈膝靠近腹部再蹬夹水，游泳过程中身体稳定性差，有明显的起伏，当时将这种游泳姿势称作"跑马式蛙泳"。因为运动员游泳时身体有很大的起伏，所以水的阻力也相应增加，影响了运动员匀速前进。运动员为提高速度，取得好成绩，又对动作进行了改进，如手臂划水和收腿的动作幅度减小，两腿先蹬水然后夹水，实践证明运动员的这种改进确实加快了游泳速度，其比赛成绩也有所提高。经过多次改进，运动员在水中游泳时身体越来越平衡与稳定，上下肢协调配合，呼吸与动作也配合良好，从而形成了"平航式蛙泳技术"，这种技术在出现后的几十年里一直被游泳运动员采用，后来被称为"传统蛙泳技术"。

2. 蝶式蛙泳时期

1936年，国际游泳联合会修改并完善了游泳竞赛规则，允许运动员蛙泳时划水后在水面线向前移动双臂。两臂在水面移动比在水中移动受到的阻力小，有助于提升游泳速度，所以这项规定受到了运动员的欢迎，运动员在比赛中也很快就落实了这一规定。新规定下的手臂划水动作和蝶泳手臂动作相似，但腿部动作依然不变，所以用"蝶式蛙泳"来命名这项技术，其特点是蛙泳腿、蝶式臂。和传统蛙泳技术相比，新技术的速度更快一些，运动员纷纷采用新技术而冷落旧技术，传统蛙泳技术渐渐被淘汰，在第15届奥运会蛙泳比赛中所有运动员全部采用蝶式蛙泳技术。

3. 潜式蛙泳时期

第15届奥运会后，国际游泳联合会新增了蝶泳比赛项目，蝶泳和蛙泳是两个独立的比赛项目，蝶泳进入奥运会大家庭后，蝶泳技术取得了快速的发展。这一时期，运动员发现水下蛙泳的速度更快一些，因为波浪阻力减少了,而且有助于手臂力量的充分发挥。于是,潜水蛙泳越来越受欢迎,在比赛中运用潜水蛙泳技术的运动员越来越多,传统蛙泳技术再次受到冷落,几乎没有运动员愿意运用传统技术。

4. 水面蛙泳复苏时期

第16届奥运会后,国际游泳联合会重新修订和补充游泳竞赛规则,对潜式蛙泳技术的运用予以明令禁止,要求运动员始终要将头的部分露在水面。水面蛙泳技术得到恢复,而且有不同的蛙泳技术形式逐渐出现,如"半高航式"蛙泳技术、"高航式"蛙泳技术、"海豚式"蛙泳技术以及"平航式"蛙泳技术等,奥运会蛙泳比赛中不断有优秀运动员创造新的世界纪录。

5. 现代蛙泳时期

1986年,国际游泳联合会再次修改与补充游泳竞赛规则,将蛙泳比赛中运动员始终应将头的一部分露出水面改为运动员在每个完整动作周期中头的某部分应露出水面,并规定运动员向后蹬水的同时必须外翻,对类似海豚腿的动作或上下打水动作予以明令禁止。规则重新修改后,运动员怕因头没露出水面而犯规的顾虑打消了,而且也明确区别了蛙泳和海豚泳,进一步促进了蛙泳技术的改进与发展。之后,蛙泳技术又出现了新的动作形式和流派,如具有代表性的"波浪式"蛙泳技术、"冲潜式"蛙泳技术等,世界优秀运动员纷纷尝试新的技术,不断提高竞赛成绩,刷新世界纪录。

二、蛙泳的特点与价值

(一)基本特点

蛙泳运动有广泛的用途,而且游泳过程中声音不大,学习其他泳姿时都要先学习蛙泳,这是最基础的泳姿。下面简要分析蛙泳运动的基本特征。

1. 基础性

很多泳式的形成都与蛙泳有关。蛙泳是基础泳式,能够为掌握其他泳式技术奠定基础,做好铺垫。

2. 健身性和实用性

蛙泳对游泳者手臂和腿部相互配合的协调能力提出了很高的要求，参与这项运动能够获得很大的锻炼价值。在所有泳姿中，蛙泳最具有实用性。

3. 隐蔽性

蛙泳时，上下肢分别在水下划水、蹬水，所以声音不是很大，具有一定的隐蔽性，在军事上可以采用这种泳姿进行侦察。

（二）主要价值

蛙泳既是健身项目，也是娱乐项目，其集合了三种沐浴方式，分别是日光浴、空气浴和水浴，三合一的蛙泳运动能够促进人体健康。下面具体分析蛙泳的健康价值。

1. 滋润皮肤

人在水中游泳，身体表面与水轻微摩擦，水中含有矿物质，可以滋养身体皮肤，对皮肤细胞代谢和毛细血管中的血液循环起到积极的促进作用。运动后休息片刻再沐浴，将护肤霜擦在身上，可以使身体皮肤更好地吸收护肤霜，从而使皮肤光滑、湿润，增加皮肤的光泽与弹性。

2. 塑形美体

蛙泳具有塑形美体的功效，可以使非正常体形得到纠正，全面发展身体各个部位，长期参加蛙泳运动，能够使体形变得健康而优美，可以提升人的气质和自信。

3. 提高肺活量

蛙泳运动可以锻炼人的呼吸系统机能。人在蛙泳时，呼吸要和动作协调配合，要合理调整呼吸方式，把握呼吸节奏，掌握配合规律，长期锻炼有助于增加肺活量，运动中的每次呼吸都需吸进大量的氧和呼出二氧化碳。长期的蛙泳锻炼，可以使与呼吸有关的肌肉变得发达。

4. 强化心脏功能

蛙泳运动也能锻炼人的心脏功能，改善心肌收缩能力，并促进人体新陈代谢。

5. 改善体温调节功能

参与蛙泳运动,会消耗体内很多的热量,加快新陈代谢,促进皮下脂肪增长,能够有效提升体温调节系统的功能。

6. 延年益寿

生命的维持与延续离不开空气、水、阳光,在户外浴场进行蛙泳运动,既能使皮肤补水,又能享受阳光和新鲜空气,有助于强身健体,增加寿命。

7. 防治疾病

在水中蛙泳,复杂的水环境能够使机体的抵抗能力得到提升,从而有效预防疾病的发生。经常运动的人生病率较低就是这个道理。此外,在医疗体育中,蛙泳的康复价值很受重视,在运动康复中选择蛙泳保健方式,有助于使关节炎、慢性肠胃病、高血压等慢性病得到有效治疗。

第二节　蛙泳技术环节分析

一、身体姿势分析

蛙泳时,身体于水中俯卧,身体随着手臂和呼吸动作而有起伏。在完成一次划手、一次蹬腿的动作后,进入相对稳定的短暂滑行阶段,此时两臂和两腿伸直并拢,略微抬起头,身体纵轴与水平面形成一个 5°～10° 的夹角(图 3-1)

图 3-1　滑行身体姿势 [1]

开始划水时,肩部随划水的进行而逐渐升高,当肩和头部升至最高点并吸气时,身体纵轴与水平面达到最大夹角,约为 15° (图 3-2)。

---

[1]　吴河海,谭政典.蛙泳技术与练习[M].北京:人民体育出版社,2001.

图 3-2　划水时的身体姿势

二、腿部动作分析

蛙泳腿部动作是推动身体前进的主要力量之一,蛙泳时的推进力绝大部分来自蹬腿动作,因此,学好腿部动作是学会蛙泳和提高蛙泳技能的关键。完整的腿部动作包括收腿、翻脚、蹬腿、滑行四个紧密相连、不可分割的动作环节(图 3-3)。

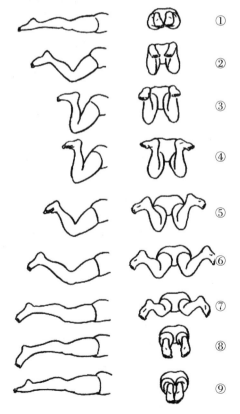

图 3-3　蛙泳腿部动作

（一）收腿

收腿是翻脚、蹬夹的准备动作。大腿放松,开始收腿的同时屈膝、屈髋,两腿慢慢分开,小腿和脚跟在大腿后面。收腿时两腿动作自然、放松,力量要小,速度要慢。收腿结束后,大腿与躯干之间形成130°～140°的夹角,膝关节紧紧弯曲,脚后跟靠近臀部,小腿与水面垂直,两膝与肩同宽。

（二）翻脚

翻脚实质上是从收腿到蹬水的一个过程,是收腿的继续、蹬水的开始。翻脚技术是否正确往往决定了蹬水效果的好坏。为了增长蹬水的路线,随着收腿的结束,两脚应继续向臀部靠紧,大腿内旋使两膝内压的同时小腿向外翻,接着脚尖也向两侧外翻,使脚掌内侧正对蹬水方向。

翻脚时膝关节内扣,勾脚旋外,脚跟尽量收至臀部。翻脚结束时正确的技术是小腿内侧及脚内侧对准水,从后面看像英文字母"W"。

（三）蹬夹水

蹬夹水技术包括蹬水和夹水两个部分,二者不可分割。蹬夹水时,身体的核心力量及大腿同时发力完成伸髋、伸膝、伸踝动作。蹬水时应勾脚,使小腿内侧及脚内侧有较长时间的对水面。用脚跟做向外、向侧、向后的快速有力的蹬水动作。蹬水快结束时,踝关节内旋,双腿用力内收并拢,完成夹水动作。蹬夹水的整个动作是一个由慢到快的鞭状蹬水过程。

（四）滑行

蹬夹结束后,由于蹬腿的惯性作用,两腿还会保持短暂的滑行。在滑行之前,应先迅速抬起腿脚直至与水面平行,以减少水的阻力。滑行过程中两腿尽量伸直并拢,腿部肌肉和踝关节保持放松,为新的动作周期做好准备。

三、手臂动作分析

蛙泳中手臂动作可分为开始姿势、抓水、外划、内划和伸臂共五个部分，它们之间同样是紧密相连的。

（一）开始姿势

蹬腿结束后，两臂在体前伸直并拢，两手手指自然伸直并拢，掌心朝下（图3-4）。

图3-4　开始姿势

（二）抓水

抓水是为划水做准备。抓水时，前臂先内旋，使掌心向侧、下、后方，然后两臂分开，同时稍勾手腕抓水，当感到水对前臂和手掌有压力时开始向外划水。抓水结束时，两臂分开至稍宽于肩（图3-5）。

图3-5　抓水

（三）外划

划水是手臂动作产生推进力的重要部分，当完成抓水动作、为划水做好准备后就开始向外划水。两臂既向侧外后、下方划水，同时逐渐屈肘，前臂的移动速度要比上臂的移动速度快。当两手划至最宽点时，两手位于肩的前侧下方，两臂分开大约120°，外划动作结束。此时，肘关节弯曲成钝角，两手间距要大于两肘间距，肘高于手，掌心向侧后下方（图3-6、图3-7）。

图 3-6　外划

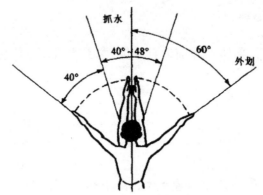

图 3-7　抓水和外划手臂夹角变化

（四）内划

内划是外划的继续，正确的内划动作不但可产生推进力，同时也可产生较大的使身体上升的力，内划时手先向内、后、下方划水，同时前臂稍外旋，使手掌由朝向侧、后、下方逐渐向后、内、下方转动，当两手划至最低点时，两手位于肩的前下方，肘关节弯曲至大小臂几乎垂直，这时手和肘同时向内、向上运动，两手掌转为斜相对。内划结束时，两手位于头前正下方，肘的位置低于手，肘关节弯曲成锐角（图 3-8）。

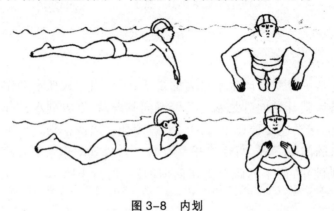

图 3-8　内划

（五）伸臂

收手后继续推肘伸臂，推肘不是先伸肘关节，而是伸肩关节的同时伸肘关节。两手先向前上，再向前伸。伸臂是在内划的基础上进行的。两手在下颌下接近并拢时开始向前伸，通过向前伸肘和伸肩，两臂前移至伸直，恢复成滑行姿势。伸臂时不能有停顿。

在完整的手臂动作中，手的活动轨迹成一个"倒心形"（图3-9），手的运动速度由慢到快不断变化。

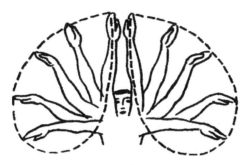

图3-9　蛙泳划水路线

四、配合技术分析

（一）呼吸与手臂的配合

掌握呼吸的时机非常重要，两臂准备外划时先抬头，呼出在水中未吐尽的一小部分气，在开始内划时就准备吸气，内划收手，出手臂，整个吸气过程不要太着急，要尽可能吸满气，然后将头部低入水中，伸臂滑行时慢慢呼气，为下一次呼吸做好准备。整个过程身体保持流线型，动作连贯，匀速前进。

（二）手臂与腿的配合

手臂与腿的配合是蛙泳技术中的重要环节，上下肢配合的好坏直接影响手臂和腿的动作效果。合理的配合技术是：手臂外划时，腿保持放松、自然伸直姿势，臂内划时收腿和翻脚，手臂将伸直时再蹬腿。现代蛙泳技术中上下肢配合的技术特点是收腿时机比传统技术中稍晚，收腿速度及收、翻、蹬的连接速度提升了。

（三）完整配合

蛙泳配合技术最为复杂，为了保持游速的均匀，手臂动作和呼吸、腿部动作的配合应尽量流畅、协调，使游进过程中每一个动作周期内的每个部分都能产生和保持推进力。通常采用一次划臂、一次蹬夹腿、一次呼吸，即 1：1：1 的配合形式，先划手，吸、呼气，后蹬夹腿滑行。[①]

第三节　蛙泳技术科学训练指导

一、训练前的准备活动

训练前先在陆上做热身准备运动，如徒手操、舞蹈、慢跑、压腿、压肩及各种关节练习等。热身准备活动要有一定的运动量，但不可过于激烈，身体稍出汗即可。热身结束后，休息片刻再下水训练。下面简单介绍一套游泳热身操。

（一）头部绕环练习

两脚左右开立，两手叉腰，头部做绕环运动。

（二）扩胸运动

两脚左右开立，两臂在胸前屈臂后振，然后两臂经胸前伸展，手心向上成侧平举并直臂向后振，还原，重复练习。

（三）体转和体侧运动

1. 体转运动

两脚左右开立，两臂屈臂前平举，然后分别向左右侧充分转体，两脚不要移动。

---

① 　武利华.蛙泳[M].天津：天津人民美术出版社，2018.

2. 体侧运动

两脚左右开立,两臂先侧平举,然后一手叉腰,另一手经上举带动上体向另一侧运动,还原后向相反方向练习。

(四)下蹲练习

两脚并拢,两臂上举并带动上体后仰,然后上体前屈,两臂随着向下摆动,两腿伸直,两手掌尽量向下触地,屈膝下蹲,还原,重复练习。

(五)侧压腿练习

一脚向侧迈出一大步,一腿伸直,一腿屈膝下蹲向直腿一侧的侧下方振动压腿,然后两腿交换向另一侧压腿运动。

二、熟悉水性练习

(一)水中浮体与站立练习

1. 抱膝浮体与站立练习

原地站立,深吸气后腿部弯曲下蹲、低头、双手抱膝,膝尽量靠近胸部,形成低头团身抱膝姿势。如果开始练习时身体下沉直到池底,则用前脚掌轻蹬池底,使身体漂浮于水中。闭气漂浮一段时间后,恢复站立姿势(图3-10)。

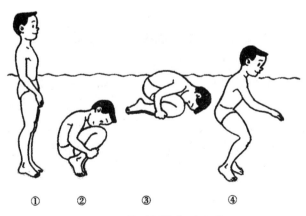

①　　②　　③　　④

图3-10　抱膝浮体与站立练习

2. 从俯卧姿势还原成站立姿势练习

由俯卧姿势还原时，两臂前伸，手掌和双臂向下压水并抬头，同时两腿向腹部回收并向下伸，上体直立，两脚牢牢踩住池底站稳，两臂于体侧在水中压水保持平衡（图 3-11）。

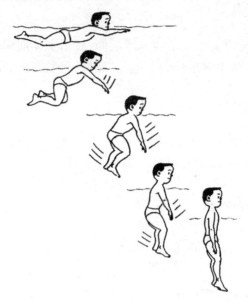

图 3-11 从俯卧姿势还原成站立姿势练习

（二）滑行练习

滑行练习是熟悉水性阶段练习的重点。练习的目的是进一步体会水的浮力，掌握在水中平浮和滑行时的身体姿势，为提高技术打下基础。滑行练习的主要方法是蹬池底滑行或蹬边滑行。目的是掌握身体在水中的平衡及腿部蹬底发力方法。

练习方法：站在齐腰深的水中，听到开始口令后，深吸气，头低入水中，双脚同时用力蹬离池底（池边），身体放松，双手伸直夹紧双耳，双脚伸直向前滑行。听到结束口令后，双手、双脚同时内收，双手边收边分，当双脚站稳后，慢慢抬起身体，还原站直。蹬池底滑行方法如图 3-12 所示。

图 3-12　滑行练习

（三）换气练习

掌握水中吸气、呼气的动作要领。

1. 陆上练习

身体直立，听到开始口令后，胸腔带动，胸廓增大，口部呈"O"形，深吸气，屏息 3 ~ 5 秒。听到结束口令后，慢慢用嘴发"噗"音呼出，反复练习。

2. 水中练习

站在齐腰深的水中。听到开始口令后，深吸气，头部完全浸入水中，慢慢用"噗"音将口中的气呼出。听到结束口令后，头慢慢抬起，呼气动作继续。再次听到开始口令后，继续练习。重复练习。[1]

三、技术练习

（一）腿部技术动作练习

1. 陆上练习

（1）俯卧蛙泳腿模仿练习。

①目的。

建立正确的动作概念，掌握规范的腿部动作方法。

---

[1]　吴河海，谭政典. 蛙泳技术与练习 [M].北京：人民体育出版社，2001.

②方法。

在游泳池边俯卧,听教练员口令完成腿部各个环节的动作,如收腿动作、翻脚动作、蹬夹水动作、滑行。

(2)坐式蛙泳腿模仿练习。

①目的。

对正确的技术动作予以体会,强化正确的动作概念,对技术动作的正确路线有清晰的掌握。

②方法。

坐在游泳池边,两腿并拢充分伸展,两手在身后支撑在地上。听教练员口令完成腿部各个环节的动作。收腿动作的要求是两脚尽可能向臀部靠拢,翻脚动作的要求是尽可能大幅度外翻,蹬夹腿动作的要求是动作结束后放松踝关节。先在陆地上练习,然后向游泳池边练习过渡,直至能在水中完成腿部动作。

(3)勾脚、绷脚和翻脚练习。

①目的。

使踝关节更灵活,对翻转动作予以体会。

②方法。

坐姿,伸直两腿,脚交替勾(脚尖向上)、绷(脚尖朝前)。在勾脚的基础上外翻,脚尖方向不变。

(4)半陆半水蛙泳腿模仿练习。

①目的。

对正确的腿部动作路线予以掌握,提高呼吸与腿部动作的协调性。

②方法。

在池边俯卧,大腿没入水里,手臂向前伸展或将池槽抓住,髋关节刚好位于水面与池边之间,听教练员的口令完成练习。听到第一个口令后,抬头呼吸,听到第二个口令后,模拟完整的腿部动作(除滑行外),反复练习。

(5)单腿站立式练习。

①目的。

熟练掌握翻脚动作,强化正确的动作概念。

②方法。

站姿,一脚支撑重心,一脚模仿完成收腿、翻脚、蹬夹水等动作。为强化练习效果,翻掌时可以用手做辅助。

（6）辅助练习。

①目的。

准确掌握蹬水路线,熟练翻脚。

②方法。

俯卧在游泳池边,同伴用手掌将练习者的脚掌握住,练习者在同伴的辅助下完成腿部模仿练习。

2. 水中练习

（1）扶板练习。

①目的。

协调完成蹬夹水和呼吸的配合。

②方法。

两手将打水板扶好,抬头吸气,头没入水中蹬水滑行。刚开始腿部动作和呼吸为3∶1,逐渐过渡为1∶1。

（2）扶水槽练习。

①目的。

熟练完成完整的腿部动作。

②方法。

双手将池槽或池壁反手抓住,身体在水中浮起平躺,两腿并拢、伸直、放松,然后做连贯的腿部动作。先分解做收腿动作、翻脚动作、蹬夹水动作和滑行动作,然后连贯不间断地完成动作。

（3）辅助练习。

①目的。

规范地掌握腿部动作与呼吸的正确配合方法,与同伴相互学习,相互帮助,共同进步。

②方法。

练习者身体在水面上充分伸展,同伴屈膝半蹲将练习者腰腹部轻轻拖住,练习者听口令做完整的腿部练习,同时配合呼吸。

（4）反蛙泳练习。

①目的。

熟练掌握腿部技术动作,保证蹬夹水的路线轨迹的正确无误,纠正大腿收腿次数不准确的错误。

②方法。

在水面平躺,微收下颌,眼神注视两腿,连贯完成腿部动作。

3. 常见问题与纠正

在腿部技术练习中,练习者要有意识地检查动作的正确与否,并及时纠正问题。具体来说,蛙泳腿部动作练习中常见问题如下。

(1)蹬腿时没有勾脚和外翻。

游泳竞赛规则规定蛙泳运动员蹬腿时两脚要有勾脚、外翻的动作。如果没有,会减少水的推进力,影响游泳速度。

运动员大都是出于习惯而不勾脚、外翻,所以要建立正确的动作概念,形成正确的动作定型,养成正确的习惯,尤其要注重对勾脚外翻动作的强化,如勾脚尖完成收腿、翻脚、蹬夹水练习,或进行提踵练习,对勾脚外翻的感觉有深刻的体会。

(2)收腿后小腿平行于水面。

收腿后如果小腿平行于水面,或者与水面形成太小的夹角,那么蹬水时对水面积就会明显减少,蹬水效果也就大打折扣。

练习者大腿过分内收或膝关节没有收紧是造成这一错误的主要原因。纠正方法为在水中俯卧,两臂伸直,收腿时尽可能使脚跟向手靠近,然后完成蹬腿动作。

(3)收腿和蹬腿僵硬。

练习者如果腿部动作节奏错误,就会使收腿和蹬腿动作显得机械和僵硬。

练习者担心腿下沉而快速提高速度或肌肉过度收缩是造成这一错误的主要原因。为纠正该错误,练习者收腿时应保持下肢放松,收腿速度减慢,蹬腿时速度慢慢增加,不要急着加速。

(4)收腿时臀部上翘。

练习者收腿时如果大腿过分内收,就会导致臀部向上翘起,为避免这一错误,练习者应该有意识地将注意力集中在小腿的内收上,而不是大腿。

（二）手臂技术动作练习

1. 陆上练习

（1）陆上划水和呼吸模仿练习。

①目的。

对各个阶段发划水方向、路线予以掌握,把握好各阶段的游进速度,对划水与呼吸的配合技巧予以掌握。

②方法。

站在池边做好准备,身体向前倾。听口令完成外划、内划和伸臂练习,开始外划时和开始内划时分别浅呼气和深吸气,开始伸臂时呼气。

（2）半陆半水划水和呼吸模仿练习。

①目的。

对各个阶段发划水方向、路线予以掌握,把握好各阶段的游进速度,对划水与呼吸的配合技巧予以掌握,并在此基础上对手臂划水的角度变化有深刻的体会。

②方法。

两名练习者一组,前面练习者在游泳池边俯卧,后面练习者双脚置于前面练习者脚踝外侧以进行按压。二人听口令的同时完成划水动作,并配合正确的呼吸方法。

（3）辅助练习。

①目的。

熟练完成完整的手臂动作,准确掌握动作路线,对手掌划水的感觉有深刻的体会。

②方法。

在游泳池边站立,或在木马、跳台上俯卧,并拢双腿,向前伸展两臂,教练员在练习者正前方,两人手掌对手掌贴住,教练员指引练习者完成手臂划水动作,并提示正确的呼吸方法。

2. 水中练习

（1）浅水站立静止划手练习。

①目的。

熟练掌握正确的手臂动作路线。

②方法。

站在水中,水面和腰齐高,向前俯身,脚不动,手臂做划水动作,目视手臂划水路线。外划、内划和伸臂时配合正确的呼吸。

（2）浅水行进间划手和呼吸练习。

①目的。

提高手臂划水与呼吸的协调性。

②方法。

站在水中,水面和腰齐高,手臂做划水动作,呼吸要协调配合,两脚向前缓缓游进,不追求速度,重点在于体会划水和呼吸的配合。

（3）辅助练习。

①目的。

强化提升手臂划水和呼吸的配合技能。

②方法。

练习者和同伴一前一后站在水中,水面和腰齐高,练习者吸气,身体前俯入水,两脚并拢浮起,身后的同伴将练习者的脚踝轻轻握住,前面的练习者完成连贯划水动作,并配合正确的呼吸方式,手臂划水和呼吸协调一致。

3. 常见问题与纠正

（1）划水时手掌和前臂摸水。

练习者划水时,如果前臂平行于水面,或者前臂与水面仅仅保持很小的夹角,说明手掌没有与划水方向对准,出现了沉肘划水的现象,这会导致划水效果大打折扣。

要纠正这一错误,就要注意在划水时将肘部抬起,增加前臂和手掌在水中的投影面积,使手掌与划水方向充分对准。

（2）手向后划水超过肩部。

手臂划水时,如果向后划水幅度大,就不利于手臂和腿部动作的协调配合,而且最后伸臂环节也会受到很大的阻力。练习者意图通过大幅度划水来为身体游进提供推动力是造成这一错误的主要原因。

要纠正这一错误,就要对划水动作结构和正确的划水路线有准确的认识,划水时手臂动作幅度不要太大,要和呼吸配合好,不要将注意力放在手臂划水能给身体游进带来多大的推进力上。

（三）手臂和腿配合练习

1. 陆上练习

（1）练习一。

两脚并立,手臂向上伸直举过头顶且并拢,两臂分开,一腿屈膝抬起,单腿支撑,听口令模拟外划动作、内划动作、伸手蹬腿动作等（图 3-13 ）。

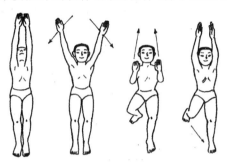

图 3-13　手臂和腿配合练习一

（2）练习二。

两脚开立,手臂伸直举过头顶,听口令完成外划、下蹲内划（收腿）、起立伸展手臂（蹬腿）等练习（图 3-14 ）。

图 3-14　手臂和腿配合练习二 [1]

2. 水中练习

（1）练习一。

在水中先做蹬边滑行,然后闭气完成手臂和腿部的分解动作。

---

[1]　吴河海, 谭政典. 蛙泳技术与练习 [M]. 北京: 人民体育出版社, 2001.

（2）练习二。

在水中先做蹬边滑行，然后闭气完成手臂和腿部的配合动作。

3. 常见问题与纠正

手臂和腿的配合练习中，最常见的问题是手臂和腿部动作同时进行，这样一来，收腿和伸臂产生的阻力分别将划臂和蹬腿产生的推进力抵消，不利于增加游速，也会消耗体力。

纠正这一错误时，要注意手臂动作要快于腿部动作，一般是快半拍。在练习过程中，为提高手臂和腿部动作的协调性，要逐渐过渡，顺序为手臂和腿部动作的分解练习→先完成连贯的手臂动作再完成连贯的腿部动作→手臂和腿部连贯配合。

（四）完整配合动作练习

1. 陆上练习

（1）站立配合模仿练习。

①目的。

对完整配合的整个过程予以体会和感受。

②方法。

站在池边，两臂向上举过头顶且并拢，一腿支撑重心，一腿放松做好练习准备。听口令完成练习，教练员喊"1"时，练习者划臂、吸气；教练员喊"2"时，练习者收腿；教练员喊"3"时，练习者伸臂并呼气；教练员喊"4"时，练习者蹬腿。

（2）俯卧配合模仿练习。

①目的。

对完整配合技术的正确动作路线能够熟练掌握。

②方法。

腹部趴在游泳池边的跳台上，成俯卧姿势，听教练员的口令做完整的蛙泳配合动作。

2. 水中练习

学习划水、蹬夹水、呼吸 1∶1∶1 的正确配合方法。

练习者仰卧在水面，身体充分伸展漂浮，同伴在练习者侧面屈膝半蹲，双手在练习者的腹部位置轻压。练习者听教练员口令，在同伴的帮助下准确完成完整的蛙泳配合动作。

3.常见问题与纠正

（1）只能吸几口气。

练习者在完整配合练习中,不能充分呼气,呼吸浅,所以只能吸到几口气,这会导致机体缺氧,阻碍正常游泳进程,甚至会有生命危险。解决这一问题时,要强调在吸气前的呼气应充分,要将体内的气完全排出。

（2）内划时有停顿。

练习者在内划前如果吸气不及时,稍微晚一些就会导致内划动作不连贯。所以要强调早一些抬头吸气,而且滑行时在水中完成呼气,外划时抬头吸气,将吸气时间尽可能缩短,但一定不能晚吸气。

第四章　仰泳技能科学训练指导

仰泳是游泳姿势的一种,因为游泳时需要仰卧在水中而被称为仰泳。近年来,因为独特的健身价值和生活价值,仰泳成为越来越多游泳爱好者的首选。本章第一节对仰泳的基本知识进行了概述,第二节对仰泳的技术环节进行了分析,第三节阐述了仰泳技术的科学训练指导。

第一节　仰泳概述

仰泳是一种游泳时人的背部向下而脸部朝上,即整个人在水中仰卧的游泳姿势。根据仰泳的动作特征,人们给仰泳起了很多别称,如因为仰泳时需要把背部埋在水中,人们就把仰泳称作"背泳"。仰泳的优势是游泳时人脸是露在水面上的,不像其他游泳姿势需要将脸埋在水里,这样人在游泳时也可以比较顺畅地呼吸。但是它的缺点是需要游泳者拥有一定的技术基础,对初学者不是非常友好。而且因为仰泳时游泳者的眼睛向上看,无法时刻关注水中的情况,可能会出现因为搞错方向而撞到别人的尴尬场面。仰泳的动作为两臂在水中交替划水推进身体前进,但是两臂的动作因为受到仰卧姿势的影响而没有那么便利,所以虽然仰泳的动作结构和自由泳很相似,但是速度却没有自由泳快。常见的仰泳姿势有两种,分别叫作蛙式仰泳和爬式仰泳。

一、仰泳的起源与发展

仰泳最开始并不是一种游泳姿势,而是一种人们在水中休息的方式,游泳游累了的人们采用仰卧的姿势漂浮在水中,以获得片刻的休息。后来人们发现可以躺着用手臂向后划水前进,并不断对动作进行改进,就形成了我们现在看到的仰泳。仰泳姿势自从被发明出来到现在,已经有三个多世纪的时间了。

仰泳早在 1990 年的第 2 届奥运上就已经被列为正式的奥运会竞技项目,后来的多位运动员在奥运会上用优异的成绩证明了仰泳是一种非常具有优越性的游泳姿势,并且使仰泳的动作逐渐走向标准化。

比如 1912 年的第 5 届斯德哥尔摩奥运会上,美国运动员赫布涅尔在比赛中采用爬式仰泳姿势,除了两臂划水之外还辅之以两腿上下拍水,最终以 1 分 21 秒的优秀成绩获得了 100 米游泳的冠军,使人们认识到了爬式仰泳姿势的合理性和优越性。

1936 年的第 11 届柏林运动会中,美国选手克菲尔以 1 分 5 秒 9 的成绩获得 100 米游泳冠军。值得一提的是,除了优异的成绩,克菲尔在比赛中使用的动作和技术也非常完善合理,为现代仰泳的确立奠定了基础。在这届奥运会之后,仰泳运动开始朝着动作越来越标准、技术水平越来越高的方向发展。

1968 年,德国运动员马斯特以 58.7 秒的成绩取得了 100 米游泳比赛的冠军,打破了该项目以往用时都在 1 分钟以上的记录。他在这次比赛中运用的动作为大屈臂和深划水,动作的开合、伸展强劲有力,显示了他高超的流线型技术。马斯特在这次比赛中用到的动作成为现代仰泳技术的雏形,现在仰泳技术中的两次屈臂划水、腿打水六次或者四次、一次呼吸的配合技术,都是根据马斯特的动作而来的,马斯特本人也被称为 20 世纪 70 年代最优秀的仰泳运动员。

二、仰泳的特点和价值

(一)仰泳的特点

想要对仰泳技术进行了解,首先要掌握仰泳的特点。仰泳的准备姿势:游泳者仰卧在水中,脸部和胸部的位置比较高,露出水面,而身体下半部分的位置比较低,臀部需要埋入水中;开始游泳时,游泳者的双臂交替向前拨水,同时双脚在水下交替踢水,使身体向前驱动;游泳过程中控制前进方向的方式为,头部始终保持朝向正前方,每 3 次踢水动作中有 1 次是斜向交叉动作踢。

仰泳时,游泳者的手臂一般会处于或伸直或弯曲的状态,手臂伸直的作用是通过大幅度的划水为身体的前进提供推动力,而手臂弯曲则是利用臂肘来带动小臂和手部的姿势,为游泳者控制前进方向。在划水时,游泳者要在手臂向后推水的情况下逐渐将手臂下压入水并且快速提肩出水,然后再带动手臂使身体浮出水面后继续前移入水,而且要让手在身体侧部,使其能够划出一个类似于"S"形的曲线,再由腿部打水加速直至露出水面继续向前移动,同时在再次入水之前要缓慢减速。弯曲臂肘能够更多地使用臂肌的力量,同时也能更好地配合前手臂和手部的动作以及游泳的方向。另外,和其他游泳姿势不同的是,仰泳没有入水的动作,游泳开始之前游泳者就要在水中以仰卧的姿势进行准备。

为了更好地理解和记忆仰泳的动作要点,人们还编写了一首仰泳的技术口诀,如下:

水漫两颊,鼻指青天,呼沉吸浮,侧滑莫转。

提肩抽手,双辐轮换,利刃斩水,伸臂送髋。

横掌带水,垂肘塌肩,推压一线,抚腿贴边。

足踝绷直,双脚内弯,上踢下按,浪滚趾尖。[1]

(二)仰泳的健身效果

"全民健身"潮流的到来使各种健身方式进入人们的生活,而人们在寻求满足个性化健身需求的健身方式的过程中也逐渐发现了游泳健身对身体的诸多益处。

1.改善心血管系统,增强心脏功能

经常进行仰泳运动,能够使人们的心血管系统得到改善,使人们的心脏功能增强。首先,仰泳运动在水中进行,人体在冷水的刺激下会自动进行热量调节,从而加快血液循环,促进人体新陈代谢。其次,人在水中承受的压力会比较大,一方面是因为水本身对人体施加了一定压力,另一方面则是仰泳运动负荷的增加给身体带来的压力。长期的仰泳锻炼能够使心房与心室的造血组织得到加强,心脏的容量增大,从而使心脏的跳动次数减少,提高肺活量,最终为人体带来的好处就是心脏血管在适宜的负荷下弹性增强,心脏活动节省化,整个血液循环系统得到改善。最后,人在仰泳的过程中,身体的各个部位,包括内脏器官都参与了消耗。为了向人体提供更多的能量,血液循环系统不得不加快循环速

---

① 南来寒.仰泳[M].长春:吉林文史出版社,2014.

度,心脏跳动的频率也会随着血液循环速度的加快而增加,心脏负荷的增加使心脏的功能也随之增强。

仰泳运动改善心血管系统、增强心脏功能的作用是经过科学的数据证明的。调查数据显示,正常人的心率为 60 ～ 100 次 / 分,每搏的输出量是 60 ～ 80 毫升,而游泳爱好者的心率可以达到 50 ～ 55 次 / 分,优秀运动员的心率则达到了 38 ～ 46 次 / 分,每搏输出量高达 90 ～ 120 毫升。这说明仰泳运动能够使人的心脏活动节省化,增强心脏的功能。

2. 仰泳可以增强人体呼吸功能

仰泳运动是一个会使身体能量大量消耗的运动,仰泳运动过程中人体的新陈代谢系统和心血管系统都在高速运转,需要大量的氧气供应。然而人在水中呼吸的难度远远大于在岸上的呼吸难度,因为水中的压力要比空气中大,而且水一直在挤压着游泳者的胸腔和腹腔,使呼吸更加困难。在长期的仰泳锻炼中,人体为了在水下也能够获得充足的氧气供应,就会进化出毛孔呼吸系统能够适应水下高压呼吸环境的特性。此外,游泳时还会遇到的一个呼吸难题就是,换气是在水上水下交替进行的,但是水的密度比空气的密度要大很多,要想呼气就必须用力,排除周围的水,这样才不会呛着自己,所以在这种情况下无论是呼气还是吸气都可以大大提升呼吸肌的收缩能力,从而使其达到增强呼吸系统的功能,加大肺活量的作用。据调查显示,一般健康成年男人的肺活量为 3 000 ～ 4 000 毫升,而经常从事仰泳活动的人,肺活量可能会超过 5 000 毫升,甚至达到 6 000 毫升。

3. 仰泳能够改善人体的皮肤状况

仰泳时人体的皮肤会受到水温的刺激产生收缩的反应,这是因为一般游泳池的水温都是低于人体温度的,人体为了保持足够的温度支持正常活动,就通过紧缩皮肤毛孔的方式阻挡热量的流失。同时,因为身体热量减少,身体内部会自动开始热量调节,身体散发出足够的热量时血管就会张开,血管的一缩一张锻炼了人体的血液循环系统,能够使皮肤保持活力和紧致。此外,长时间浸泡在水中能够软化并且冲刷掉皮肤的死皮和角质,使皮肤看起来更加细嫩,还能及时为皮肤补水,改善皮肤的缺水状况。

4. 仰泳能够增强人体抵抗力

首先,仰泳作为一项运动,具有增强体质、强身健体的作用,自然能够增强人体的抵抗力。其次,进行仰泳活动的特殊场所对于增强人体的抵抗力有着独特的作用。游泳馆的水一般都低于人体的温度,人体长时间在这样的环境中运动会消耗大量的热量和能量,为了对人体消耗的热量进行补充,身体内部会自动开始进行热量调节,从而促进代谢速度的加快。经过长时间的仰泳锻炼之后,体内神经对外界环境变化的感知和反应速度会越来越快,人体对环境的适应能力也会不断增强。仰泳运动除了能够促进人体气温调节能力的增强,还能使人体脑垂体的能力增强,促进人体内分泌的正常化,增强人们抵御疾病的能力。

5. 仰泳能够使人体达到健美效果

仰泳时,由于受到水体本身的阻力的影响,运动的强度会远远高于动作本身,所以人能够在仰泳的过程中消耗大量的能量和体力。但是和陆地上的锻炼不同,水能够对身体起到塑形的作用,虽然有大量的消耗,但是却不会使身体长出集中、突出的肌肉块。仰泳锻炼长出的肌肉均匀地分布在身体各处,使身体呈现出优美的流线型。另外,仰泳的姿势为人体仰卧在水中,做这个动作时游泳者的身体是完全松弛舒展的,因此身体也能得到全面、协调、匀称的锻炼。而且,因为水能够包裹住身体的各个部位,减缓人体运动时的冲击力,所以仰泳过程中完全不用担心因为动作带来的冲击力过大而使人体关节损伤的情况。

6. 仰泳可以锻炼腰背肌肉

仰泳时人体的姿势为背部向下,动作为双手不停向前划水以推进身体前进。双手划水的动作会在很大程度上带动背部肌肉的运动,因此背部的背阔肌能够在长期的仰泳运动中得到锻炼。另外,水中运动有一个很大的优势就是能够做到很多岸上无法做到的动作,如在水中仰卧,利用水的浮力按摩腰背部的肌肉。从这个角度上来说,游泳运动对于很多腰背有问题的人是非常友好的。

7. 游泳能够帮助人们减肥

随着人们生活水平的提高及减肥需求的增加,游泳运动在减肥领域的运用也越来越广泛。首先,因为体重基数比较大的人员在运动时自身的重量会使动作的冲击力变大,对人体关节造成损害,因此一般不建议他们在陆地上运动。但是水能够减缓冲击力的特性使人们认识到游泳减肥的优势,很多减肥人士被建议运用游泳运动减肥。其次,水中运动的强度不单单由动作强度自己决定,水的阻力也会加大运动的强度,因此在仰泳运动中人们能够消耗更多的能量和热量,提升减肥的效果。最后,游泳运动需要人体长时间浸泡在水中,而游泳池的水温一般是低于人体温度的,在这个过程中人体能够消耗大量的热量,也能提升减肥的效果。而且经实验证明,人在标准游泳池中游泳20分钟所消耗的热量,相当于同样速度在陆地上的1小时,在14℃的水中停留1分钟所消耗的热量高达418千焦,相当于在同温度空气中1小时所散发的热量。

（三）仰泳在生活中的价值

1. 仰泳在学校体育课程中的价值

首先,在学校中开展游泳课程的目的是为了促进学生全面发展,使学生不仅能够在学校得到知识的教育,还能够得到身体的锻炼,提高学生的身体健康水平。其次,游泳是一项实用的运动技术,虽然在现实生活中应用得比较少,但是在一些紧急的关头能够救助他人或者自救,学生掌握游泳运动也是掌握一门技术。最后,开设游泳课程能够锻炼学生的意志。人对水有天生的恐惧感,学习游泳需要学生克服恐惧心理。游泳还是一个对技术要求比较高的运动,学生在学习游泳的过程中也会遇到很多困难。只有克服对水的恐惧,经常性地进行游泳锻炼,学生才能熟练掌握游泳技术。因此,学习游泳的过程也是锻炼、培养学生的意志力的过程。

2. 游泳在休闲娱乐方面的价值

游泳是一种能够调节人的心理的运动方式。人在游泳时能够充分锻炼身体,使身体处于一种放松、舒展的状态,而身体上的舒适能够带来心理的愉悦和放松,研究表明,运动之后人的心理会处于一种比较积极的状态。游泳调节心理的作用在繁忙的现代人身上非常明显,人们可以在游泳运动中暂时忘掉压力和焦虑。

3. 游泳在社交方面的价值

游泳成为一种社交方式。随着社会的发展,运动的功能不再是单纯的强身健体,其社交的功能逐渐突出。首先,游泳健身是一种比较休闲的活动,人们在这个过程中有更多的时间进行交谈和情感交流,游泳逐渐成为一种朋友聚会、娱乐的新方式。其次,游泳是一个结交新朋友、扩大交际圈的好机会。现代人休闲的时间比较少,工作和生活的圈子又比较固定,这种情况下游泳就为人们结交新的朋友提供了机会。而且游泳的氛围比较轻松,人的心情也比较放松愉悦,这些都为人们之间相互寒暄和认识提供了机会。

第二节　仰泳技术环节分析

一、身体姿势分析

想要取得理想的仰泳健身效果,保持身体姿势的标准非常重要。在学习仰泳时,首先要使整个身体仰卧在水中,注意放松身体,使之保持自然舒展的状态;压低臀部的位置,使臀部埋入水中,胸部的位置比较高,略微高于水平面,而腹部和肩部的位置要比臀部稍高,在水下 5 ~ 10 厘米的位置,身体稍微向上倾斜,与水平面保持 5° ~ 20° 的角度。之所以需要身体保持这样的姿势,是因为这样会使整个身体呈流线型,能够减少在水中仰泳时遇到的阻力,这样的姿势也非常方便腿部拍水推动身体前进。

身体能在仰泳时保持流线型,除了身体姿势的作用,头部的作用也是非常重要的,仰泳时对头部姿势的要求有以下几个:

(1)仰泳人员的颈部保持自然伸直的状态,微微收紧下颌,后脑勺可以埋到水里,但是要注意使耳朵贴到水面上,将面部置于水面之上。

(2)由于仰泳的姿势比较特殊,人们仰泳时的视线会受到很大的障碍。为了尽量让仰泳人员看到水中的状况,要求人们在进行仰泳运动时眼睛要往身体的后上方看,视线大概保持在与水面成 45° 角的位置。在水中游泳前进时,要求仰泳人员尽量使余光能够看见两腿拍水时激起的水花。

(3)在学习仰泳时,身体的主躯干保持着与两臂摇橹划水动作一致的基调来回左右转动,当一只手臂划水跃出水面时,要经空中向后移动,与此同时,同侧的肩部也转出水面之上,当一只手臂划进水中时,同侧的肩部也要转入水中,而且当手掌下滑到水中并且至最深点时,手臂开始迅速向上划水,此时身体也要达到转动时的最大幅度,从水面可以发现,这时的肩颈连线与水平面的交叉角度大概为45°,而且髋部的位置和腿部的位置也应该随着肩部的转到而进行适当转变,但是幅度不能过大。

二、转身技术分析

仰泳中的转身技术很多,一般人们将其分为平转身技术,前、后滚翻转身技术和半滚翻转身技术三种,不过常用的只有平转身技术和前滚翻技术两种,下面我们对这两种进行介绍。

（一）平转身技术

平转身动作是仰泳运动中最简单、最基础的动作,只要围绕前后轴转动就可以了,而且因为无论头部是否在水面以上都可以进行平转身动作,所以它不仅可以用在仰泳姿势中,在其他姿势的游泳中也非常常见。

以右手触壁的转身为例,仰泳者以一定的速度向池壁靠近,在即将触碰到池壁的时候,应该借助标志绳调整转身距离和身体动作,而且左臂完成最后一次划水之后,仰泳者的右臂要摆动到头部的左前方。头部和肩部要向左偏,右手也要能够在左前方距离水面大约20厘米深的地方触壁。

（二）前滚翻转身技术

前滚翻转身技术是指借助移臂时产生的向前的推动力,使整个身体绕轴转动然后形成俯卧的姿势,接着将划臂动作完成,再进行前滚翻完成整个转身动作。需要注意的是,身体从仰卧姿势转变成俯卧姿势之后,腿部不能继续做打水动作,因为身体转过去之后是垂直的,要采用俯卧姿势蹬离池壁。前滚翻转身动作也不是仰泳独有的,爬泳中的前滚翻动作和仰泳中的非常相似。

（三）身体转动的效果

理想的仰泳状态下，身体的转动能达到带来以下效果：

（1）做手臂划出水面经过空中向前转动动作时，注意要将手臂同侧的肩膀也转出水面。产生的身体转动效果是肩部受到的水的阻力减少，相应地，手臂做动作受到的阻力也会减少。

（2）身体转动的同时将划水的手臂带入相同的水深，这样形成的姿势叫作"曲臂倒高肘"，不仅看起来非常优美，还能减轻划水时臂部的使用力量。另外，做这个动作时，划水的手臂和身体保持的角度也非常巧妙，手臂在这个角度刚好能够同时带动肩部、胸部和背部的肌肉运动，能够有效增加手臂划水的幅度。

（3）身体在转动的同时两腿要向侧面适量地打水，这样做能够减弱单侧手臂划水给身体带来的不稳定性，防止身体向一侧过度倾斜，使身体保持正确的姿势向前游动。

（4）虽然标准的仰泳姿势是很多人的追求，但是每个人的身体条件不一样，人们在进行仰泳时也不必一味追求姿势的标准度，利用自己的身体条件优势适当地调整动作也是一种值得提倡的态度。比如肩部关节比较灵活的仰泳爱好者，身体转动的幅度不用太大也能支持手臂的动作，而肩部关节灵活性差一些的仰泳爱好者，就只能使身体转动的幅度大一些来支持手臂的动作。

三、腿部技术分析

虽然仰泳运动中人们会更加关注手臂的划水动作，但是这并不意味着腿部动作不重要。人们仰泳时会将腿部放在比较高的位置，这样能保持身体的舒展，还能够使身体呈现流线型，降低水对身体的阻力。在用一侧手臂划水时，人们还会用两腿不停地向身体两侧拍水，以此来调整身体的方向，防止单臂划水的动作带偏身体的方向。另外腿部拍水产生的力量还能成为驱动身体前进的动力，促进人们向前游进。因此，想要完全掌握仰泳这项运动，对腿部动作的学习必不可少。

仰泳的腿部动作比较简单，要点在于：要以髋关节为支点，使用大腿发力，逐步带动小腿、双脚，而且小腿和双脚要像甩鞭子的动作一样进行上下运动,同时两腿要快速交替。[①]虽然这段话初学者也能完全理解,但是仰泳运动的精髓在于实践而不是理论。教练在进行仰泳教学的时候要亲身进行示范,让学员通过近距离的真实观察形成对腿部动作的认识,能够大概将腿部动作模仿出来。学习过程中还要注重让学员亲身体验动作,使他们能够在练习中感受动作。教练员可以先从最基础的直腿打水教起,让学员自己感受什么叫作"大腿带小腿,小腿带脚",然后再逐步升级动作的难度,这样学员就能够慢慢掌握整套腿部动作。就学员来说,想要尽快掌握腿部动作就要经常进行练习,提高动作的熟练度。

为了加深大家对仰泳腿部动作的理解和记忆,人们将其中的动作要点提炼出来,编写成了口诀,如:大腿带小腿,两相共发力,双腿交替如甩鞭,上踢下压使劲直,脚尖膝盖不出水。

具体的腿部技术训练方法如下:

(1)在岸上模拟练习腿部打水。为了学员的安全着想,最开始的腿部打水练习在岸上进行。姿势为上半身向后仰,双手也向后撑,模拟仰泳时的上半身动作,小腿前伸,双脚伸到水中,然后双腿上下交替拍水。练习时要注意由易到难的过渡,先进行直腿练习感受拍水动作,再模拟真实的仰泳运动中的"甩鞭子"动作。

(2)进入水中练习。初学者可以利用浮板之类的工具使身体漂浮在水中,在真实的水中环境练习腿部的拍水动作。

(3)仰卧蹬池壁滑行练习。这种练习方式需要借助游泳池里的扶杆或者池槽,一开始练习者先用双手抓住扶杆或者池槽,双脚贴在游泳池池壁上。然后上半身模拟仰泳的姿势,后仰直至卧进水中,这时再松开双手,将两只手臂紧贴在身体两侧,再用双脚用力蹬池壁,使身体呈流线型在游泳池中向前游动。

(4)向下打水动作练习。向下打水动作就是整个腿部打水动作中向下打水的部分,具体动作是腿部抬起后从空中进入水中。动作要领为:髋关节为中轴,腿向下运动带动臀部和大腿的后侧肌肉收缩,大腿运动带动小腿运动,同时脚要配合向下运动。

(5)向上打水动作练习。向上打水动作练习是腿部打水动作中的向上部分,具体动作是腿部用力从水中抬起至空中。动作要领为:髋部腰部肌肉和肱四头肌等肌肉群要用力收缩,大腿持续向上移动,同样是

---

① 南来寒.仰泳[M].长春:吉林文史出版社,2014.

大腿动作带动小腿动作,同时脚部配合向上运动。

（6）仰泳鞭状打腿动作练习。鞭状打腿动作要求两腿之间的配合程度非常高,一只腿落下,另外一只腿就要接着迅速向上抬,两腿的动作起伏始终保持着固定的节奏。抬腿的高度要求是45厘米左右,而且两个动作的用力大小不一样,一般上抬腿的动作比较费力,而下落腿比较轻松。

（7）上踢动作练习。上踢的动作必须要快速完成。而且在上踢的时候,应该注意到不能让膝盖和脚部露出水面,不然就会影响到打腿效果。

四、臂部技术分析

手臂动作是仰泳中最主要的动作,也是推动人体在水中向前游进最主要的动力,想要掌握仰泳技术最重要的就是要学会手臂动作。仰泳的手臂动作包括入水、抱水、划推水、出水和空中移臂五个部分,这五个动作紧密连接,相互承启。下面我们将分别对这五个动作的要点进行介绍。

（一）入水练习

1. 准备动作

手臂保持在头部和侧肩连成的直线的延长线上;手臂和肘关节都保持伸直的状态;手掌朝外。

2. 入水动作

手掌和前臂形成一个150°的角;手掌内侧率先进入水中,其中小拇指又排在第一位,其他部位随后,这样做的好处是能够减少手臂入水时的阻力;身体要随着手臂入水的动作同时向同方向转动,这样帮助加大手臂入水的深度;入水动作完成之后,手臂的位置应该保持在水面之下的10～15厘米。

（二）抱水练习

抱水是为了给划推水创造条件,降低划推水的难度。手臂入水以后要利用手臂移动时所产生的动力使其下滑到水下一定的深度,同时手掌在向下、向侧面移动的时候,要通过伸直肩部、弯曲臂肘、上手臂内旋和手腕弯曲的动作,来配合身体的转动,并且要使手掌和前臂一起对准水并产生压迫的感觉。然后,当完成了抱水的动作时,肘部应稍微弯曲成150°左右的弧度,且手掌距离水面大约30厘米,同时肩也保持在较高的位置。

（三）划推水练习

划推水动作是指手臂划水划到身体侧面,划水时手掌掌心冲向身体,向身体下半部分划水到大腿的位置。顾名思义,划推水动作包括两部分,分别是拉水动作和推水动作。

1. 拉水动作

具体的拉水动作是指手臂的前半部分向内侧旋转,手臂弯曲,呈手掌向上、手肘向下的状态,并且随着手掌的移动,手臂的弯曲程度越来越大,当手掌移动到肩膀外侧的时候,屈臂的角度为100°,此时也是手臂弯曲的最大程度。此外,拉水的过程中,始终要使手掌、小臂和前进的方向保持直角不变。拉水是一个非常费力的过程,为了降低拉水时的阻力,使手臂入水的深度更深,身体也要配合手臂的动作,大幅度向进行拉水的手臂的一侧转动。

2. 推水动作

推水是在手臂划水过肩侧的时候进行的,进行拉水动作时手臂肘关节和后臂逐渐向身体靠拢,同时手臂向双脚的方向用力推水。当推水快要结束的时候,小臂开始内旋然后做出转腕下压的动作,同时手掌的掌心也是从向后转为向下,而且在推水结束之时,手臂是伸直状态的,手掌也要在大腿的侧下方。因为在推水过后,仰泳者要借助手掌压水的反弹力量来实现迅速提臂出水动作。

（四）出水练习

进行手臂出水动作时,手掌需要保持外旋状态,小拇指先伸出水面,然后用小拇指带动整个手臂出水,注意手臂需要保持伸直的状态。

（五）空中移臂练习

手臂出水以后，手快速从大腿外侧的位置移动到肩部，注意手臂移动到空中时应该和水面保持90°。手臂移动到肩膀上方时，手掌内旋，掌心外翻。空中移臂练习最重要的两点：一是要舒展身体，手臂伸直；二是注意手臂移动的速度要非常迅速。

五、动作配合技术分析

（一）仰泳中臂、腿、呼吸配合一致

仰泳运动除了需要做好每个单独动作外，还要求各个动作之间协调一致。仰泳运动中需要有机配合的主要有三个动作，分别是臂部动作、腿部动作和呼吸，一般一个动作周期包含6次打腿（左腿3次、右腿3次）、2次划水（左臂1次、右臂1次）、1次呼吸，人们简称其为6∶2∶1。

（二）呼吸和臂部动作的配合

仰泳运动因为大部分时间面部都露在水面之上，所以呼吸相对于其他游泳姿势来说没有那么困难。但是呼吸时需要注意的是，要配合动作的速度和节奏，根据动作调整呼吸，以保证无论做什么动作都能够有充足的浮力来保持身体的位置。

呼吸与臂部动作配合的具体动作为：手臂经过空中向前移动时，用口深呼吸；手臂进入水中时，深呼吸结束；划水时重复进行口、鼻呼吸。

（三）两臂前后划水的配合

仰泳划水时，要求两臂之间的配合既紧密又迅速，基本上一只手的划水动作做到一半，另一只手的移臂动作也要做到一半，这样才能保证划水动作能够一直连贯进行，不中断地为身体提高前进的动力。

划水时两只手臂的动作是朝着相反的方向进行的，我们可以根据手臂动作方向的改变，对划水进行以下区分。

1.沿螺旋曲线状向下划水以及抓水

手臂划入水中不能马上向后划水，因为此时划水会因为手臂离水面

太近产生大量的空气泡,使划水产生的动力太小。正确的做法是先将手臂伸到水比较深的位置,再抓水划水。

2. 沿螺旋曲线状向上划水

沿螺旋曲线状向上划水的仰泳动作也被称为高肘划水,具体动作为:手臂在完成下划动作后,沿着身体的转动方向转动,肘关节逐渐下降,手臂向后划水时的路径呈螺旋曲线状,同时手臂能够向上、后、内三个方向划水,肘关节的弯曲程度也要不断增大。手臂滑到肩部下面时,身体的转动幅度和屈肘的程度都达到最大,分别为45°和100°。

3. 呈螺旋曲线鞭状向下划水

呈螺旋曲线鞭状向下划水是一个非常适合用来冲刺的动作,一般比赛中,仰泳运动员都会在做这个动作时加速,所以对这个动作的一个非常重要的要求就是速度要快。

具体的动作是:手臂呈"S"形划水,手掌向身体后方划水,这样做能够使身体获得一个阻力型前进推动力;之后身体逐渐向后花式手臂的反方向转动,手臂沿螺旋曲线的形状先向下、再向内、而后再向后加快速度划水,一直到让整个大腿完全伸直。利用这个动作划水的过程中,手、手腕和腿部会进行一些鞭梢抽打水的动作,目的是转移身体的用力位置,最开始发力的部位是大关节,之后变成小关节,因为小关节具有质量小的特点,所以在比较短的距离内运用小关节划水,能够保持比较快的速度。当鞭状下划即将结束时,要保持手臂伸直到大腿的下方、手掌向下与水面保持大概25厘米的距离。但是对于专业的仰泳运动员来说,他们在螺旋曲线鞭状时手指不一定都是向上的,有些人的手指会呈现向外的姿势,这样能给他们带来更大的升力。

第三节　仰泳技术科学训练指导

一、十字转髋仰泳训练方法

十字转髋仰泳练习法的重点在于用人的髋部发力,优点是既能够使人省力还能够提高游泳速度,并且能够帮助仰泳人员固定自己的头部和

肩部,防止被呛水。下面是十字转髋练习法的具体训练步骤:

(1)仰卧漂浮在水中,舒展身体,挺胸、抬头、收腹、敛臀。

(2)轻收下巴,缓缓将双臂在水面上张开,使双臂和身体呈"十"字形,手掌朝下。

(3)双臂保持张开姿势不变,髋部顺时针向右转,肩部同时、同方向随髋部转动,双肩和水面保持90°角,身体横卧在水中,双脚开始鞭水。

(4)鞭水过程中,髋部沿顺时针方向向身体右侧转动,转动之后双脚埋入水中鞭水三次,之后身体沿逆时针方向向身体左侧转动,双脚同样埋入水中鞭水三次。重复动作,借助鞭水产生的动力推动身体前进。

(5)顺时针转动髋和肩时,头部依旧保持上仰并且露出水面的姿势,下巴尽量向肩部转动。

(6)身体转动时,手的位置不变,手心向下,一手前伸,一手后伸,自然躺在水中侧身鞭水。

(7)右侧身鞭水一定时间之后转动方向以同样姿势进行左侧身鞭水。

(8)熟练掌握转身、鞭水的动作之后,可以在右侧身的同时,以肘部向上的姿势缓缓抬起左臂,小臂和手掌自然放松下垂,手掌的位置以垂在同侧腋窝下面为最佳。保持这一姿势,继续侧身鞭水。

(9)身体变为左转身鞭水时,先将左肘慢慢下落,左手手掌朝下抚摸水面向左侧伸出,同时使整个身体逆时针左转,提右肘形成右小臂和右手下垂,使右手手背贴背后或手指垂在身体腋窝处即可。面部保持朝天,腿部继续鞭水。

根据以上步骤进行重复练习,对于快速掌握仰泳技能、提高仰泳技术都有很大的帮助。

二、训练方法

练习法最重要的特点就是人们先要能够在水面上漂浮起来,要求是脸部朝上、后脑勺浸入水中、胸部挺出水面,全身的力气放空,整个人放松地平躺在水面上。之后的具体动作步骤如下。

(一)坐姿打水

坐在池边或地上,两手后撑,两腿伸直,腿内旋使脚尖相对,脚跟分开呈"八"字形,两腿放松,以髋为轴,大腿带动小腿,上下交替打水。

（二）仰踢练习

使用腹部肌肉发力,在游泳池中仰躺,在池际进行打水练习,尽量使练习姿势接近真实的仰泳姿势。进行仰踢练习时需要双手向上做仰踢的动作,但是在实际的仰泳运动中是不会用到这种姿势的,因为这样会造成身体重心的下移而导致身体下沉。但是这种动作能够锻炼腿部的力量和灵活性,能够为腿部打水动作打基础,因此在练习中还是非常有意义的。

（三）仰漂打水

以立正的姿势仰漂在水中练习打水,刚开始的力度比较小,后面力度逐渐增加。

（四）抱着浮板仰式打水

在水中漂浮比较困难的人可以借助漂浮工具在水中练习打水,目的是使人们感受仰踢打水的动作要领。但是这种练习方式会产生不良的影响,如腰部无法伸展,容易使人形成错误的仰式打水姿势,一般情况下不建议借助工具进行练习。

（五）花式练习

划手练习是一种不必非在水中进行的动作,主要是练习两手的力量、灵活性和双手之间配合的默契度。

（六）单手仰泳

闭气姿势单手仰踢练习。以拇指领先出水上举,小指入水。划手到大腿的地方,有一个翻转手掌的动作。也有人以小指出水、小指入水的。两者皆可。

三、仰泳时长距离训练方法

仰泳时长距离练习法针对的是有一定仰泳技术基础的人,它能够帮助人们进一步提高仰泳的技术,使其仰泳的距离更远、时间更长。这种练习方法最大的优势就是能够对人们在技术、体能等方面的不足进行分析,然后开展专项训练,能够满足人们的个性化需求,提升训练的效率。下面我们将对这种仰泳练习方法的具体步骤进行介绍。

（一）保持标准的漂浮姿势

仰泳时,保持身体与水平面的平行是非常重要的事情,因为如果身体部位沉入水中,水就会对人体的前进造成更多的阻力,仰泳就会变得更加吃力,仰泳的速度也会降低。以人体的髋部为例,如果身体没有保持脊背伸直的状态,髋部就很容易沉入水中,增加的阻力需要大腿在打水时使出更大的力气,对人的体力消耗非常大。一些优秀的仰泳运动员为了避免这样的问题,就会特地在仰泳的时候抬高自己的髋部,使自己漂浮的位置变高,这样能够减少身体的阻力,游起来就能够节省很多体力。

（二）保持身体的积极流线形态

在水中保持身体的流线形态对于减少阻力、加快游速等都非常重要,而积极的流线形态是指要时刻牢记流线形态的重要性,时刻使身体保持流线形态。流线形态的重点是要增加自己的长度,无论身高是否够高,都要尽量舒展身体,把身体打开,模拟水中生物的形态,减少向前游进的阻力。

（三）标准的转身姿势

仰泳运动中有非常多的转身动作,想要掌握仰泳技术就必须要做出标准的转身姿势。标准的转身姿势要求身体向两侧转动时,肩部和髋关节要保持一致,将两者看成一个整体,然后以非常迅速的速度将身体一侧的重量转移到身体的另一侧。想要做好转身动作还有一个技巧,就是做仰卧姿势时不要平平地仰卧,而是要使身体有一定的倾斜,保持稍微侧立的状态。这样做不仅能够降低转身动作的难度,还能够减少游泳时的阻力。

（四）控制移臂和入水动作

入水之后，脚蹬离池壁，迅速向侧后方转动，带动肩膀和手掌出水，注意肩膀出水的时间要在手之前，出水顺序错误会导致肩膀出水时遭受很大的阻力。移臂的时候应该注意放松手臂，使手臂处于和肩膀平行，也就是身体垂直的状态，这样能够帮助维持身体的平衡。

（五）保持标准的打腿姿势

仰泳时的打腿动作能够产生强大的推动力推动身体前进，也能够支持身体在水中的漂浮。进行打腿动作时，首先，稍微并腿，两腿之间的距离不能太远；其次，腿要处于紧绷的状态，小腿和脚尖都要绷直；再次，注意打水的技巧，打水溅起的水花不能太大；最后，打腿产生的动力也是转身动作的重要支持，要学会用打腿产生的力进行转身动作。此外，打腿的速度也非常有讲究，侧卧时打腿的动作要比仰卧时的快，因为侧卧时身体的漂浮难度比较大。

四、仰泳中的常见动作误区及纠正方法

（一）配合动作中的误区

1. "做"着游

直接原因：收腹屈髋，臀部下沉；害怕呛水，头部的位置放得太高。
纠正方法：
（1）身体自然舒展，打开髋关节，把后脑勺埋进水中。
（2）多增加练习，练习的方法可以采用仰卧蹬边滑行练习和仰卧打腿游动练习。
（3）根据动作节奏调节呼吸节奏，多进行水中呼吸练习，消除畏水心理。

2. 臂腿动作配合不协调

直接原因：忘记划臂和打腿。
纠正方法：
（1）仰泳运动中经常被遗忘的动作是打腿动作，多进行打腿练习，

可以采用入水后暂停手臂划水动作,利用打腿动作产生的动力前进的方式练习,以便增强打腿能力,加深记忆。

(2)利用动作配合的比例,有节奏地配合练习,6次打水,1次划臂。

3. 双臂配合中是否存在前交叉、中交叉、后交叉现象

前交叉、中交叉和后交叉描述的手臂的相对位置,来源于自由泳技术。前交叉动作一般被用在中长距离的游泳中,因为身体进行前交叉动作时会呈现出比较修长的流线型,可以最大限度地减小游泳过程中的水的阻力,游起来能节省大量的体力。中交叉和后交叉一般被用在需要较快速度的场景中,比如一些短距离的游泳或者冲刺阶段。

不过虽然教练在教分解动作的时候会讲解这些动作,学员在进行分解动作练习的时候也可以借助这些动作练习,但是在真正的仰泳过程中,一般是不能出现这些动作的,因为两臂的不规则交叉一般被认为划臂不够协调。真正的仰泳中,双臂的位置需要相差180°,只有这样最负荷人体的生理特点,也能够使"滚肩"和"沉肘"动作协调一致,形成均匀的前进动力。

(二)腿部动作中的误区

1. 打腿时膝盖会露出水面

直接原因:屈髋;打腿下压程度不够。

纠正方法:

(1)髋关节充分展开,打腿下压动作做到位,上踢时注意膝盖及时制动。

(2)通过直腿打水的方式体会动作要点。

2. 腿下压打水时踢不出水花

直接原因:害怕呛水,头部抬得太高;腿部入水太深,离水面太远。

纠正方法:

(1)培养正确的呼吸方式,舒展身体,挺胸抬头,尽量保持标准的仰卧姿势。

(2)小幅度快速打水,直腿下压,屈腿上踢。

3. 小腿踢水

直接原因：动作不熟练，大腿紧张，本能靠屈伸膝关节打水。

纠正方法：

（1）牢记要用大腿带动小腿打水。

（2）多练习直腿打水，感受动作要领。

（三）臂部动作中的误区

1. 入水点过于偏外

直接原因：肩关节灵活性比较差；入水时身体的转动幅度过小。

纠正方法：

（1）对肩部的关节展开专项训练，锻炼肩关节的灵活性。

（2）进行躯干绕纵轴转动的练习，在练习中感受动作要点。

（3）手的入水时间先于头部。

2. 入水点超过身体中线

直接原因：臂入水时肘关节弯曲。

纠正方法：

（1）时刻牢记移臂和入水时，手臂需要伸直。

（2）切记手臂要从侧肩部的切面外进入水中。

3. 入水时手背拍击水面

直接原因：肩关节不灵活；入水时手臂的内旋程度不足。

纠正方法：

（1）锻炼肩关节的灵活性。

（2）加大移臂时手臂内旋的程度。

4. 直臂划水

直接原因：屈肘和张肘时的力量不够；手臂入水之后直接划水前进。

纠正方法：

（1）加强对肘部肌肉群的锻炼。

（2）强调屈臂倒高肘划水，注意屈肘的提拉动作和伸肘的推压动作以及转腕时的鞭水动作。

（3）练习时可以借助池壁，靠近池壁，利用池壁的压迫使手臂弯曲。

5.两臂划水不连贯

直接原因：手臂划水结束后在体侧有停顿。

纠正方法：

（1）站立在水中做手臂划水动作的练习。

（2）完成向下的推压鞭水动作之后手臂不进行停顿，直接快速出水。

6.手臂入水后立即用力向后划水

直接原因：动作不熟练，心理紧张，忘记做抱水动作。

纠正方法：放慢动作，屈臂抱水之后再开始划水。

（四）仰泳中常见的其他动作误区

1.身体翻转成仰卧姿势后继续做与转身动作无关的划水和打腿动作

根据仰泳比赛规则的规定，身体做好仰卧姿势后应该接着就做滚翻转身的动作，做与转身无关的划水或者打水动作在比赛中是犯规的。

2.翻滚时动作太慢或者翻不过来

直接原因：低头收缩时身体用的力度不够支撑身体的翻转动作；或者游泳的速度过慢导致身体的惯性不足无法支撑翻转动作。

纠正方法：提升游泳的速度，加大身体向前的惯性，同时在做低头和收缩身体的动作时加大力量，以增加翻转的半径和翻滚的速度。

3.是否需要跟随移臂的动作进行呼吸

关于仰泳时到底应该如何呼吸，一般教程的描述为"右臂出水时吸气，移臂至将垂直水面时吸气结束，然后憋气，手入水后均匀吐气，手将出水时吐气结束"。[①]这种呼吸方式无疑十分标准，但是它存在的问题是对游泳技术的专业性要求过高，很多技术没有那么纯熟的仰泳爱好者很难做到这样标准的呼吸模式。

其实，业余的仰泳爱好者不必非要追求非常标准的呼吸方式，因为仰泳时人的面部是露在水面以上的，相对于其他姿势来说呼吸难度并不是很大，只要能够保证划水前进时溅起的水花不会进入自己的口鼻即

① 南来寒.仰泳[M].长春：吉林文史出版社，2014.

可。更多人进行仰泳运动的目的不是参赛,只是锻炼身体和放松身心,只要能达到自己的目的,仰泳的过程按照自己的身体条件和爱好进行灵活的调整也无妨。

第五章　蝶泳技能科学训练指导

蝶泳是常见的游泳项目之一,也是对技术和体能要求都很高的一种游泳姿势。蝶泳是在蛙泳技术的基础上形成与发展起来的,经过多年的宣传与普及,现在已经成为深受大众喜爱的一项健身运动。不管是业余游泳爱好者,还是专业游泳运动员,要掌握好蝶泳技能,都需要经过大量的练习。科学训练是提高游泳技能水平的关键。本章主要就蝶泳技能的科学训练展开研究,首先阐述蝶泳的基本知识,其次分析蝶泳的主要技术,最后重点研究蝶泳技术训练方法。

第一节　蝶泳概述

一、蝶泳的起源与发展

(一)起源

蝶泳这一名称的由来与其动作外形直接相关,游泳时,身体于水中俯卧,两臂划水后同时抬离水面在空中向前移动,与此同时,两腿有节奏地打水。在整个过程中,手臂动作看起来就像蝴蝶扇动翅膀,所以用蝶泳来命名这一泳姿。

蝶泳技术最早的动作方法是左右两臂同时向后划水,然后同时出水面经空中而前移,两腿蹬夹和蛙泳一样,所以早期的蝶泳也被称作蛙式蝶泳,这和蛙泳技术发展的第二个阶段即蝶式蛙泳相似。后来,游泳竞赛规则修改和补充后,允许运动员两腿同时打水,两腿上下打水的同时,身体也会跟着波浪式起伏,和海豚游泳的姿势很像,所以用海豚式蝶泳(海豚泳)来命名新的蝶泳技术。和蛙式蝶泳技术相比,海豚式蝶泳中受到的水的阻力比较小,所以游泳运动员在蝶泳项目的比赛中将海豚泳技术作为首选,长此以往就淘汰了蛙式蝶泳技术。海豚式蝶泳就是现代的蝶泳。

蝶泳运动起源于1933年。这一年,来自美国的亨利·麦尔斯在游泳比赛中两臂向后划水后,同时提出水面经过空中前移,两腿配合上下打水,就像蝴蝶振动翅膀飞翔一样,这一动作引得全场欢呼,连连赞叹。这使得蝶泳运动的发展有了一个很好的开端。

蝶泳运动也可以说是从蛙泳运动发展过来的,这两个泳式之间的渊源很深。20世纪30年代初,游泳运动员在训练中尝试两臂向后划水后在空中移臂,以减少阻力,加快速度,这种动作变化和蝴蝶振动翅膀形似,所以用蝶泳来命名新技术。但当时蛙泳和蝶泳都被看作是俯泳的形式,二者之间没有严格意义上的区分。1952年第15届奥运会上,游泳运动员都采用了速度快、观赏价值高的蝶泳技术,蛙泳受到冷落。此后,蝶泳就被作为和蛙泳不同的游泳项目,二者有了正式的区分,奥运会上既有蝶泳项目,也有蛙泳项目。蝶泳作为独立的项目而成为奥运会大家庭的一员,这对其推广与发展具有重要意义。

（二）发展

蝶泳成为正式比赛项目的初期,运动员在比赛中采用的技术主要是蛙式蝶泳技术,但在蛙式蝶泳的基础上有所改动,如两腿以蹬为主,没有很大的幅度,也加快了频率。1953年,来自匈牙利的游泳健将乔·董贝克在蛙泳比赛中模仿海豚游泳的动作姿势而完成两腿打水的动作,这项打水技术使其获得了很好的比赛成绩,游泳速度越来越快,所用时间越来越短,多次刷新该项目的世界纪录,游泳界对此颇为关注。世界各国的游泳运动员发现海豚泳技术的先进性和重要性后,纷纷采用这一技术,而蛙式蝶泳技术逐渐淡出比赛。1956年以后,世界大型蝶泳比赛中几乎所有运动员都采用海豚泳技术来完成比赛。随着这项技术的不断普及与改进,小波浪技术代替了大波浪技术,在20世纪70年代以后双臂低、平、直移动技术又逐渐代替了双臂高肘移动技术。蝶泳技术的改进与完善使得世界蝶泳比赛中不断有运动员创造出新的纪录。

二、蝶泳的特点与价值

(一)基本特点

在竞技游泳的所有姿势中,蝶泳姿势最为优美,但难度也最大。它对运动员的技术能力、体能尤其是臂力、协调能力提出了很高的要求。一般需要经过长期的训练才能掌握好各个部位的配合技巧与方式。

蝶泳运动的基本动作特征如下。

(1)双腿打水就像海豚游泳一样,动作流畅,身体呈波浪形游进。

(2)运动员腰腹部发力,做强有力的打水动作。

(3)一直目视前下方,吸气时下颌微收。

(4)手臂动作的抱水环节要求肘部较高一些,划水环节要求快速而有力地向外划水。

(5)高肘完成空中移臂。

(二)主要价值

1. 提高协调性

蝶泳对上下肢动作的协调配合能力提出了很高的要求,上下肢不协调的人蝶泳时就会显得手臂动作和腿部动作不协调,影响动作的美观与质量。经常参加蝶泳练习,可以对上下肢的协调性进行锻炼,也能使小脑活动更灵敏。身体协调的人举手投足更显得优雅。蝶泳不仅可以锻炼手脚协调性,还能锻炼肢体与躯干的协调性,蝶泳中各部位精准的配合能够有效增加动作的观赏性。

2. 减脂塑形

虽然和其他游泳姿势相比,蝶泳练起来难度很大,对技术、体能的要求都很高,但如果可以坚持练习,就能达到很好的减肥塑形效果。在蝶泳过程中,人体将消耗大量的能量,这与水温有很大的关系。在温度较低的水池中蝶泳,就会消耗很多的热量,可以起到减肥的效果。

因为水有浮力,游泳时人的身体是水平并与水面基本平行的,在这种身体姿势的基础上,两腿要不断地用力打水,手臂要不停地划水,腹部也要用力辅助打水和划水,这样能够使身体各部位的脂肪有效减少,也能锻炼手臂和腿部肌肉的力量,提高体能,为进一步提高游泳技能水平奠定基础。

蝶泳时,身体各个部位都要协调发力,身体充分伸展,保持自然松弛的状态,这样能促进身体各部位的协调发展,使体形变得匀称,肌肉更有线条感,使身体发展更全面。

陆地运动中,地面的冲击力对骨干有一定的影响,容易造成骨骼劳损,而水中蝶泳则没有这一危害,不易使骨关节发生变形和退化。在水中蝶泳,因为要对抗水的阻力,所以运动强度较大,但这和陆地运动中机械阻力造成的大运动强度不同,水中运动强度虽大,但相对柔和,而且人们可以根据自己的有氧耐力而控制强度,所以不容易使肌肉变的生硬,如果练习得当,可以获得优美的线条曲线。

蝶泳时,水滋润皮肤,增加皮肤的弹性和光泽,使皮肤变得紧致,起到保持年轻、抗衰老的效果。这也是很多女性选择游泳作为健身项目的重要原因之一。

3. 提升机体抵抗力

游泳池中水的温度一般在 28℃左右,在这种温度的水中游泳,身体很快就会散热,从而消耗体内的很多能量。身体耗能大,就需要及时补充,以保持冷热平衡和进出平衡。这就对神经系统的反应能力提出了较高的要求。不仅如此,在水环境下运动,也会加快新陈代谢,使机体更好地适应不同的环境,尤其可以增加身体的抗寒能力。经常参加蝶泳锻炼的人,有很强的体温调节能力,脑垂体功能、内分泌功能也比较突出,所以免疫力高,能抵抗疾病,感冒的概率很低。

4. 促进心血管系统功能的改善

在水温较低的游泳池中蝶泳,对血液循环、新陈代谢都有促进效果,而且还能锻炼心脏功能。游泳时容易心跳加快,心脏受到较大负荷的刺激,心脏肌肉组织能力不断增强,也增加了心脏容量,心跳减少,心脏活动较为省力,这有助于对血压进行调节,并促进心血管弹性的增加。

在蝶泳练习中,机体需要量增加,呼吸肌要克服水压才能保证机体对氧气的需要,这样就能很好地锻炼呼吸系统和心脏功能。

5. 提升柔韧素质

蝶泳姿势就像蝴蝶飞舞,这种姿势对人体柔韧性是一种很好的锻炼,人们在水中蝶泳,就像在水中跳舞,和海豚游泳一样轻盈柔软,美感十足。长期参与这项运动,能够提升身体的柔韧性。

现在,不管是青少年学生,还是成年人,因为学业和生活的压力,体质水平不断下降,迫切需要通过健身锻炼来改善体质,提升抵抗力。如果不喜欢陆上运动大汗淋漓的感觉,则可以选择蝶泳这项健身项目,既能增强体质,又能缓解身心压力,愉悦身心,陶冶情操,促进身心健康。

第二节 蝶泳技术环节分析

一、身体姿势分析

蝶泳时,身体各部位的波浪动作上下起伏,身体位置不固定。躯干的波浪动作有利于保持较高的身体位置和良好的流线型,也有利于臂、腿、呼吸的协调配合。蝶泳运动的身体姿势如下。

(1)在划水最有力的阶段,身体尽量保持水平,使推进力以向后的分力为主。

(2)空中移臂时,因重心位置的变化,身体失去平衡,会使腿部下沉。

(3)在手入水、腿第一次打水时,躯干应该向前上方做波浪动作,以产生较大的推进力。

二、腿部动作分析

(一)向上打水

(1)两腿打水时,自然并拢,两脚稍内旋成内八字。两腿在前一次向下打水结束后,两脚处于最低点,膝关节伸直,臀部上升至水面,髋关节约屈成160°(图5-1中①)。

(2)两腿伸直,向上移动,髋关节逐渐展开,臀部下沉(图5-1中②、③)。

(3)当两脚继续向上时大腿开始下压,膝关节随大腿下压动作自然弯曲,大腿继续加速向下(图5-1中⑤)。

(4)随着屈膝程度增加,脚抬起接近水面,臀部下降到最低点,膝关节屈成 110°　～ 130°　时,脚向上抬到最高点,并准备向下打水(图 5-1 中⑥)。

（二）向下打水

当脚向下打水时,踝关节放松,脚面绷直,此时是蝶泳腿打水产生推进力的最有利阶段。然后脚面和小腿随着大腿加速下压而加速向后推水。当两脚继续加速向下打水尚未结束时,大腿又开始向上移动。当膝关节伸直时向下打水的动作结束(图 5-1 中①、⑦、⑧)。

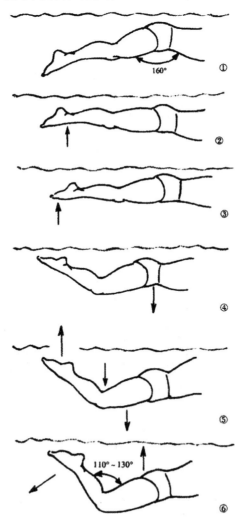

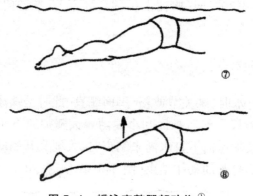

图 5-1　蝶泳完整腿部动作 ①

三、手臂动作分析

蝶泳时,手臂的划水动作是推动身体前进的主要因素。蝶泳的臂部动作与爬泳类似,不同的是蝶泳时两臂同时划水,而爬泳时两臂轮流划水。蝶泳手臂动作可分为入水、抱水、划水、出水、空中移臂五个环节,各部分动作是连贯的,不可分割。

(一)入水

两手的入水点应该在两肩的延长线上,太宽易缩短划水路线,太窄不利于入水后划水和抱水。入水应以大拇指领先,手掌斜插入水,然后前臂和上臂依次入水,入水时掌心朝向侧下方,手掌与水面约成 40° 夹角(图 5-2)。

图 5-2　入水

---

① 吴河海,谭政典.蝶泳技术与练习 [M].北京:人民体育出版社,2001.

（二）抱水

如图 5-3 所示，手臂入水后，手和前臂向外旋转，手臂同时向外、向后运动。当两手向外划至头的侧前方时，通过勾手腕、屈肘完成抱水动作。抱水动作过程就像是用手臂抱一个大圆球，抱水是为了给划水做准备。

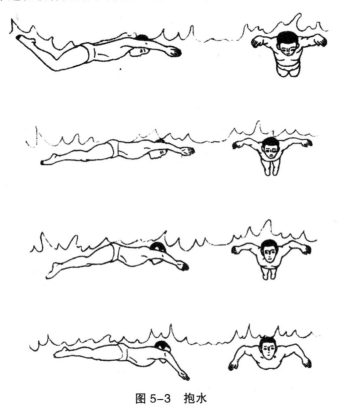

图 5-3　抱水

（三）划水

完成抱水动作后，手臂立即转入向内划水，划水时继续屈肘，并保持高肘姿势，手是向内、向后和向上运动的。当手臂划至肩的下方时，肘关节弯曲成 90° ～ 100° 角，两手靠近（图 5-4）。然后手臂同时向后、向外和向上运动，肘关节逐渐伸直。当手划到大腿两侧时，划水动作结束，转入出水（图 5-5）。整个划水过程手的运动路线是双"S"形曲线。肌肉用力情况为前半段拉水，后半段推水。

图 5-4　手划至肩下时肘部弯曲度

图 5-5　划水

（四）出水

在向后推水尚未结束时，肘已经开始向上抬起。手推水结束时，利用推水的惯性，肘和肩带动手臂提拉出水（图 5-6）。

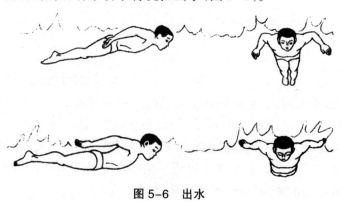

图 5-6　出水

（五）空中移臂

出水后,手臂在肩的带动下迅速从空中前移至头前。蝶泳移臂一般采用直臂、移臂或肘关节微屈、高肘的移臂方式。在移臂过程中,前臂和手腕放松。臂下划水是产生推进力的阶段,所以两手划水应由慢到快加速完成。两手的移动路线因人而异,主要有图5-7所示的两种划水路线。

图 5-7　水下划水路线

四、配合技术分析

（一）手臂与呼吸的配合

蝶泳一般采用划臂 1 次、呼吸 1 次的配合方式。当两臂抱水结束并开始划水时,开始呼气。随着两臂划水动作的进行,头和肩部的位置逐渐升高,呼气由慢到快并逐渐抬头。当两手划水至腹部下方时,嘴露出水面,并张口吸气。推水结束时,吸气结束。向前移臂时低头闭气(图5-8)。

（二）手臂与腿的配合

蝶泳时,手臂与腿的配合动作应该节奏明显,打水连贯有力。目前普遍采用 2∶1 的配合方式,即打腿 2 次,划臂 1 次。

臂腿配合的方法:两臂入水时腿第一次向下打水,当两臂划至胸腹下方时,腿开始第二次向下打水,臂推水结束,打水结束。移臂时,腿又向上准备做下一个周期的打水动作。

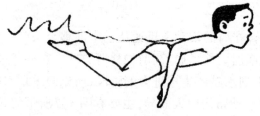

图 5-8　呼吸的时机

（三）完整配合动作

蝶泳完整配合即腿、臂、呼吸完整配合动作。通常采用打腿 2 次、划臂 1 次、呼吸 1 次的 2：1：1 的配合。

第三节　蝶泳技术科学训练指导

一、训练前的准备活动

准备活动也称"热身运动"。任何体育项目，在训练前都要做好热身运动。热身运动的目的是使身体发热，改善机体的僵硬状态，动员身体各器官、系统的机能，使其快速进入工作状态，防止正式练习中肌肉、关节、韧带发生运动损伤。游泳是在比人体体温低的水中进行，在下水前认真做好热身运动很有必要，可以有效预防抽筋、晕厥等伤病的发生。

下水前的陆上热身运动一般由活动性的练习、柔韧性练习组成，可做徒手操、舞蹈、慢跑、压腿、压肩及各种关节练习。热身运动要保证一定的运动量，但不能太激烈，身体微微出汗即可。结束热身运动后应休息片刻，待汗干后方可下水游泳。下面简单介绍一套蝶泳训练前的热身操。

（一）头部运动

两脚左右开立，两手叉腰，头部向前、后、左、右振动，然后左右旋转。

（二）臂绕环运动

两脚左右开立,两臂同时向前绕环,然后再向后绕环。

（三）腰部运动

两脚左右开立,以腰部为轴,向右和向左做绕环动作。

（四）腹背运动

两脚并拢,两臂前上举,然后向前屈体,两臂尽量向下振动,接着手臂带动上体向上、向后展体,同时一脚向前迈一大步,成弓步压腿。

（五）膝绕环运动

两脚开立,手扶膝关节做向左、向右、向里、向外360°连续转动。

二、腿部技术练习

（一）陆地模仿练习

1. 目的
建立正确的动作概念。

2. 方法
背对着墙,两脚并立,手臂向上充分伸展举过头顶,躯干和腿部模仿水中蝶泳动作:腹部稍向前挺的同时膝微屈,然后臀部向后与墙面触碰,再伸展膝关节,重复练习(图5-9)。

（二）扶池边练习

1. 目的
熟悉上下打水动作。

2. 方法
水中俯卧,双手扶在池边,两腿像自由泳一样打水,然后并拢两腿,在腰腹部的带动下同时打水(图5-10)。

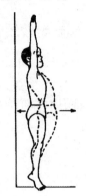

图5-9　陆地模仿练习

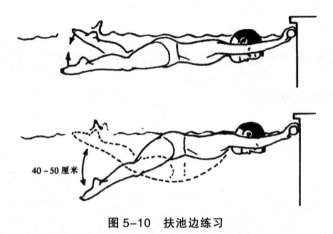

40～50厘米

图5-10　扶池边练习

（三）流线型打水练习

1.目的

对身体的流线姿势和上体的波浪动作有所体会。

2.方法

（1）俯卧于水中,两臂向前伸展,两手交叉,使整个身体呈一条直线,保持流线型泳姿,腰腹部发力带动腿上下打水,体会躯干的波浪动作。

（2）动作与呼吸配合时,打腿动作容易出现不连贯的问题,所以建议打腿和呼吸的比例为4∶1,这样能保证打腿动作的连贯性。

（3）两腿上下打水时，向上打水相对放松，向下打水较为用力，上下打水有明显的节奏感，而且速度不断加快，吸气时嘴露出水面即可，不要过分抬头，目视下方，微收下颌。

（四）垂直打水练习

1. 目的

对躯干的波浪动作和打水的力量及速度感予以体会。

2. 方法

（1）在水中仰卧，两脚同时用力蹬池壁，两脚下垂深入水中，手臂置于体侧，头和肩在水面外，两腿快速有力打水，身体缓缓向后退，对髋部发力快速前后打水的感觉予以体会。

（2）膝稍屈，髋部发力带动两腿打水。

（3）两臂露在水面的打水练习能够增加难度，将一定重量的物体系在身上练习可以进一步发展力量。

（五）反蝶泳打水练习

1. 目的

对躯干波浪动作予以体会。

2. 方法

（1）仰卧在水中，手臂置于身体两侧，腹部开始发力以进行鞭状打水，即从膝到脚依次向上打水。

（2）头和手上下起伏波动不宜太大，腹部要在水面上完成向上打水。

（3）膝微屈，髋关节发力向上打水，可以先在水下借两脚蹬离池壁的力打水，再过渡到水面打水，体会水下打水和水上打水的不同感觉。

（4）开始打水时，速度慢，幅度大，力量大，慢慢加快速度，刚开始练习时可以借助脚蹼这种辅助器材，以增加支撑力和推进力，提高腿部力量，随着不断的练习，熟练打水动作后手臂向前伸展，身体呈流线型姿势而完成打水。

（六）侧卧打水练习

1. 目的

提高身体对打水力度、速度的控制能力。

2. 方法

（1）在侧卧水中，下面手臂向头顶方向伸展，上面手臂自然放在体侧，想象鱼在水中游的姿势，身体侧摆游进。

（2）每打水 4 次，头稍抬吸气，但不要改变身体姿势。

（3）每打水 25 米后，换方向继续练习，体会身体的波浪动作，下肢摆动幅度稍大，"摆尾"时自然屈膝。

（七）水下打水练习

1. 目的

对身体流线型波浪游进的动作感觉予以体会。

2. 方法（图 5-11）

（1）俯卧在水面，两脚同时用力蹬池壁而向前移动，两臂置于体侧保持不动，眼睛注视池底，想象美人鱼在水中畅游的优美姿势，模仿美人鱼的姿势而放松畅游。

（2）下颌微收，身体没入水下，头、髋关节、小腿和脚先后依次入水。

（3）脚最后入水后，两腿马上做快速而有力的打水动作，连续完成多次打水动作后头伸出水面吸气。

图 5-11　水下打水

（八）配合练习

1. 目的

对身体波浪游进的动作感觉予以体会。

2.方法

（1）练习者在水中俯卧,同伴站在池边并手持木棍。

（2）练习者将同伴手中木棍的下端抓住,腰部保持放松。

（3）同伴持棍朝练习者游进的方向侧向移动,并将木棍向下压、向上拉,反复如此。

（4）练习者抓着木棍和同伴同时向前移动,体会身体的流线型波浪游进动作（图5-12）。

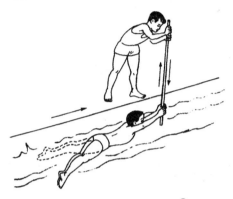

图 5-12　双人配合练习 [①]

（九）常见问题与纠正

腿部打水练习中常见问题及纠正方法如下。

1.腰部和腿部没有波浪动作

两腿打水时,腰腹部要发力,如果腰部不发力,只靠膝关节发力,那么打水的力主要来自小腿,这样大腿和腰部就没有明显的波浪动作,无法体会身体波浪感觉。解决这一问题,需要反复练习打水,并提示练习者腰部发力带动两腿打水。

2.直腿向下打水

直腿向下打水也是腿部技术练习中的一个常见问题,练习者没有建立正确的动作概念和打水时腹部肌肉收缩是造成这一错误的主要原因。如果向下打水时,膝盖是伸展的,那么只能产生很小的推进力,不利于

---

① 吴河海,谭政典.蝶泳技术与练习[M].北京:人民体育出版社,2001.

加快速度和增加力量,所以要及时改正。改正方法主要是向下打水的练习过程中强调练习者先屈膝再打水。

3.头、肩部大幅度上下起伏

蝶泳打水技术中,手、头部、肩膀要保持相对固定的位置而不随便移动。如果练习者没有建立正确的动作概念,或者身体过分紧张,全身发力,那么就容易导致身体起伏过大。要纠正这一错误,就要建立正确的动作概念,适度放松身体,主要以腰部发力而带动两腿同时打水,减少手、头和肩部的动作幅度。

三、手臂技术练习

(一)陆上模仿练习

1.目的

掌握正确的划水技术,体会正确的划水路线,掌握划水与呼吸的配合时机。

2.方法(图 5-13)

(1)站立,上体前屈,两臂同时模仿划水动作。
(2)配合呼吸继续练习。
(3)注意以肘领先移臂,入水时上臂主动去碰头。

图 5-13 陆上模仿划臂练习 [①]

---

① 吴河海,谭政典.蝶泳技术与练习[M].北京:人民体育出版社,2001.

（二）浅水中站立或走动模仿练习

1. 目的

掌握正确的划水技术,体会正确的划水路线,掌握手臂动作与呼吸的配合时机,感受水的阻力和推进力。

2. 方法

（1）站在水中,水面和胸齐平,两手同时模仿蝶泳划水动作,对水的阻力和推进力予以体会。

（2）从站立慢慢变为走动,做行进间划水练习,体会自己前进的感觉。

（三）夹板蝶泳划水练习

1. 目的

体会正确的划水技术、呼吸技术及划水与呼吸配合方式。

2. 方法

腿紧紧夹住打水板,做划水练习,配合正确的呼吸。

（四）常见问题与纠正

手臂划水练习中常见问题及纠正方法如下。

1. 划水后出水和空中移臂有难度

在手臂划水练习中,练习者完成划水动作后,进入出水阶段,这时如果双手掌心朝上,或手臂力量弱,那么就会感到手臂出水和空中移动有难度。

要解决上面这个问题,就要注意完成划水后借助惯性出水,手臂空中摆动也要借助这个惯性,划水时加快速度,增加力量。

2. 没有抱水就直接划水

手臂出水后,要先抱水再划水,抱水是不可缺少的环节,对后面的划水效果有直接的影响。当练习者没有建立正确的动作概念,对完整的手臂动作结构不清楚时,或者练习者担心下沉所以将全部注意力集中到竭尽全力划水时,就容易忽略抱水动作,跳过这个环节而直接划水,从而导致后面的划水效果不佳。

纠正上述错误,首先要建立手臂动作概念,并放松身体,强调入水后的抱水动作,抱水时肩膀下沉,手臂侧划,转动手腕,肘关节弯曲。

3. 直臂划水

直臂划水是手臂动作中常见的一个问题,这个错误会对划水产生的推进力产生不利影响,并增加手臂出水和空中移臂的难度。练习者未建立正确的动作概念,没有很好的水感体验,身体过分紧张是造成这一错误的主要原因。

纠正直臂划水这一错误动作的方法是,首先练习者要建立正确的划水动作概念,在练习过程中放松身体,放慢速度,教练员要提示练习者划水时弯曲手臂,将肘部抬到一定高度,并在准备活动中通过一些水中活动练习而培养良好的水感。

四、配合技术练习

(一)单臂配合练习

1. 目的

掌握手腿配合的正确时机。初学蝶泳时,掌握完整配合有较大难度,容易出现错误,这个阶段可以先通过单臂配合练习来慢慢熟练蝶泳配合技术,然后向两臂配合练习过渡。

2. 方法

(1)单臂前伸,另一臂划水,同时与打腿、呼吸协调配合,转头或抬头吸气(图5-14)。这种练习相对简单,适合初学者。练习时可将下潜动作做得夸张一些,感觉就像从一条小船的尾部潜入水中,从船头出水,强调头先入水,躯干的波浪动作要明显。

(2)一臂放在体侧,另一臂划水。这种练习难度大一些,不易保持身体平衡,但更接近配合动作。

在单臂配合练习的基础上,还有不同形式的分解配合练习,也就是不同形式的单臂配合,如先做5次左手、5次右手,再做3次左手、3次右手,然后做1次左手、1次右手,等等。

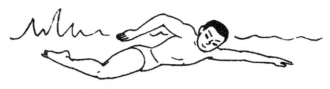

图 5-14　单臂配合练习 [①]

（二）两臂配合模仿练习

1. 目的

掌握两次打腿与手臂配合的时机。

2. 方法

（1）直立模仿划水动作，屈膝代表向下打水。

（2）用口令控制节奏，"1"打腿—手入水，"2"手推水—打腿。

（3）熟练后配合正确呼吸，"1"入水—打腿—低头，"2"手向上推水—打腿—抬头吸气。

（三）分解过渡配合练习

分解过渡配合练习是指连续做 2 次左手单臂分解动作、2 次右手单臂分解动作和 2 次完整配合动作。这是从分解到完整配合的过渡练习，还可以选择其他组合次数。随着熟练度的提升，可减少分解的次数，增多配合的动作次数。

（四）逐渐减少打水次数的蝶泳配合

这是一个过渡练习，可减低配合的难度，帮助练习者逐渐掌握完整的蝶泳配合技术，练习方法如下。

俯卧，两臂前伸呈流线型，打水 3 次，第 4 次边打水边做划水和呼吸动作，放慢配合节奏；划水 1 次、打水 4 次，然后逐渐减少到划水 1 次、打水 3 次，最后划水 1 次、打水 2 次。注意吸气后目视池底，臀部向上移出水面，每次将两手拇指短暂相扣到打水完成。

---

① 吴河海，谭政典．蝶泳技术与练习［M］．北京：人民体育出版社，2001.

（五）完整配合练习

年龄小的运动员力量不足，游较长的距离是有难度的。如果距离过长，还容易使动作变形，破坏节奏，一旦养成不好的习惯就难以改变。因此要在非常熟练分解动作，且准确无误地掌握配合节奏后才能进行完整配合练习。完整配合练习中，练习距离逐渐加长，并将各种分解练习和完整练习有机结合起来。

（六）常见问题与纠正

配合技术练习中常见问题及纠正方法如下。

1. 手臂与呼吸不协调

在蝶泳技术练习中，如果练习者手臂力量弱，划水无力，或者太晚才抬头，就会导致吸气困难，手臂和呼吸缺少良好的配合。要纠正这个错误，一方面要加强手臂力量训练，增强手臂力量，使划水力量和速度都有所提升；另一方面要及时抬头，保证嘴巴能在水面上顺利吸气。

2. 手臂和腿配合不协调

练习者在蝶泳时，有时担心游慢了身体会向深水处下沉，所以手臂入水后没有来得及抱水就进入划水阶段，这样两腿打水的动作就滞后于手臂划水的动作，手脚不协调。要纠正这个错误，就要强调抱水的重要性，使手臂划水和腿打水协调一致，提高配合效果。

3. 身体没有波浪动作

练习者手臂入水后如果没有将肩膀下压和将臀部提起，腰腹部也没有发力，只是通过膝关节弯曲来带动两腿打水，那么身体就不会呈波浪流线型姿势游进。要解决这个问题，要求先建立正确的完整配合技术动作概念，并在练习中提醒练习者入水时肩膀下压、臀部上提，腰腹发力带动两腿上下打水。

第六章　自由泳技能科学训练指导

自由泳是游泳的四大泳姿之一,与其他泳姿在基本技术方面是基本相同的,但是,在具体的技术环节上还是有所差别的,这也是它们之间技术特点不同的一个主要原因。当前,人们对自由泳有一定的了解,但是缺乏系统性,这些都制约了自由泳的普及和发展。本章首先对自由泳的基本知识进行了阐述,在此基础上,对自由泳技术环节进行了分析,最后则对自由泳技术的科学训练进行了科学指导,由此,能使人们从理论、实践两方面入手来了解、认识并参与到自由泳中来。

第一节　自由泳概述

自由泳,也被称为爬泳,其主要特点是:姿势结构合理,阻力小,速度均匀、快速,是最省力、速度最快的。

一、自由泳的起源与发展

据记载,最早运用两臂轮换划水的是一个英国运动员。随后,与腿部相配合的上下打水的游泳动作便开始出现。

在 20 世纪 30 年代,两臂向前交叉的游泳姿势在世界各国很盛行,并且一直流传至 20 世纪 50 年代。伴随着民众运动兴致的逐步提高,随后出现了更先进的四次打腿游泳技术。这种技术首先在 1949 年被采用。1956 年,一位澳大利亚的运动员再次运用此技术打破了 1 500 米自由泳世界纪录,并且在同年的墨尔本奥运会上,一位美国运动员运用四次打腿的游泳技术创造了更快的自由泳世界纪录,从此这种技术引起了世界泳坛的关注。

后来发现,打腿的能量消耗要大于划臂的能量消耗,而推动身体前进的动力主要来自臂部的划水动作。因此以臂为主的现代自由泳技术对臂的划水动作和两臂的配合是非常重视的。

随着游泳技术的快速发展,人们想要游快的欲望也越来越强烈,不再单单满足于四次打腿技术,在 1964 年东京奥运会上,一位澳大利亚的运动员运用两次打腿技术获得了冠军,并且同时再次打破世界纪录。1968 年墨西哥城奥运会上,也有运动员运用两次打腿技术获得奖牌。自此之后,越来越多的运动员利用这种技术获得好成绩。从此,这项技术开始迅速发展起来,到目前为止,世界范围内采用此技术的运动员越来越多。

自由泳实用性强,在奥运会游泳比赛中占有很重要的地位。奥运会自由泳项目主要有:男子 50 米、100 米、200 米、400 米、1 500 米、4×100 米接力、4×200 米接力 7 项;女子 50 米、100 米、200 米、400 米、800 米、4×100 米接力 6 项。自由泳项目在全部游泳项目的 31 项中就占到了 13 项之多,而且混合泳和混合泳接力中也包括自由泳,由此可见,自由泳是衡量一个国家游泳水平的标志。

二、自由泳的特点

关于自由泳的特点,可以大致分为运动特点和技术特点两个方面。

(一)自由泳的运动特点

(1)身体俯卧于水中,头和肩膀稍微高于水面,在自由泳时,整个身体绕着躯干进行小范围的左右滚动。

(2)两个手臂进行轮换拨水动作,促使着身体向前方移动。

(3)手臂进入水中以后,一般的划水路线应该呈"S"形,同时要确保呼吸和划水动作之间的协调性也要好。

(4)当手臂用力进行划水动作时,可以利用水流在头部两侧进行波谷吸气。

(二)自由泳的技术特点

(1)手入水时要在与手同一侧的肩沿线上,同时,还要形成一个比较适合的入水角度。

（2）当手臂进入水中以后要迅速向下方划动并抓水，肘部要抬高，并进行划水动作。

（3）此距离中用力划水的时间要比短距离中用力划水的时间偏后。

（4）划水时，动作的连贯性和节奏性要保持好。

（5）要采用不同的打腿次数，快速向前方游。

（6）要掌握好两面呼吸的技术。

第二节　自由泳技术环节分析

一、身体姿势

自由泳基本的身体姿势是使身体呈水平俯卧于水中，躯干上的肌肉保持适度紧张，身体要呈自然伸展状态，躯干保持良好的流线型，身体纵轴与水平面的夹角为 3° ~ 5°（图 6-1）。同时要位于水平面上较高的位置，这样可以使身体的阻力减少。

图 6-1　身体姿势

在进行自由泳时，头部的姿势非常重要，自然地向颈后弯曲头部，两眼视线向前下方注视，露出水面的头部是整个头部的 1/3，水平面与发际接近。眼睛可以望到游泳池的底部。在游泳时吸气可以使头部转动，但是一定不能抬起头。

自由泳时，一定要保持身体的流线型，这一点是很重要的，肩部和头部会在一定程度上影响流线型姿势的保持。具体来说，如果两个肩膀向前方耸，就可以促使腹部和胸部较平缓，这样就很容易形成较平滑的表面。略微地耸动肩部还可以促使肩膀周围的关节和肌肉活动幅度增大，使得臀部的肌肉平滑有力，可以更有力地划水。

为了使动作效果良好，暂时向下沉双腿。在自由泳时，要以身体的中线为轴进行顺应节奏的转动。要把整个身体看成一个不可分割的整体,随着腿部手臂动作进行以躯干为中心的转动,转动幅度通常保持在35°～45°（图6-2）。倘若加快速度,就会相对地减小角度。左手进行划水,并沿着身体轴线进行左边的转动,右手与左手相反。两只脚在打水时要保持大约一拳的距离。

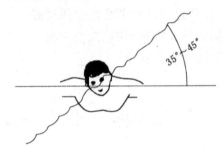

图6-2　转动幅度

需要强调的是,这种转动并非有意识的专门转动,而是自然转动,是由划臂、转头和吸气而形成的。这种转动是有着积极的影响的,主要表现在以下几点。

（1）便于手臂的出水和空中移臂,能够对移臂转动半径的缩短产生有利影响。

（2）便于手臂在水中抱水和划水,使手臂划水的最有力部分与身体中心的垂直投影面更接近。

（3）由于臂部会有轻度的转动（伴随身体转动）,部分侧向打水动作在腿打水时产生,这对于移臂造成的身体侧向偏离的影响的抵消是有利的,使身体保持平衡。

（4）为呼吸提供便利。

自由泳训练是需要持之以恒的,每天都坚持不懈地练习一定可以成功,通常情况下,优秀的自由泳运动员往往会具备以下几个特征。

（1）身体姿势和头部姿势保持较高,同时,身体处于较高的位置。

（2）具有放松和连贯的移臂技术,移臂时手臂保持放松。

（3）可以很出色地对自己的头部动作加以控制,呼吸保持轻松。

（4）肩部、髋部、躯干的转动做得很到位。

（5）打水技术水平高。

（6）划水技术水平高。

二、腿部动作

自由泳的腿部动作非常重要,其主要作用是保护身体平衡,并且可以配合两个手臂的运动,在进行自由泳时要最大限度地促进身体前进。

自由泳腿的打水动作方向与水平面几乎是垂直的,从垂直面看,两腿之间分开 30 ~ 40 厘米的距离,膝关节成大约 160° 弯曲(图 6-3)。

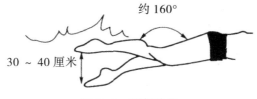

约 160°

30 ~ 40 厘米

图 6-3　腿部动作

打水的正确动作:稍向内旋转脚部,自然放松踝关节,从髋关节开始向上和向下的打水动作,大腿要用力,通过整个腿部直到脚,一个"鞭状"的打水动作就形成了。向下打水有最大的效果,所以打水时要使用较大的力,保持较快的速度;而向上打水时,大腿要放松、自然,减小用力度,保持较慢的速度。

腿部进行打水时,要将身体的髋关节作为支点,从大腿的部位开始发力,带动小腿和脚的运动,同时进行上下的交替状打水。在向下方打水时要用足够的力量,同时膝关节也要处于略微弯曲的状态,脚要稍微向内转,使踝关节处于伸直的状态。在向下方打水时,要使膝关节弯曲大约 160° ,如此对于浮力的产生更加有利,从而有效带动身体向前方运行。

在向上方打水时,膝关节伸直,踝关节自然放松,从而使前进时水的阻力有所减小。另外,两条腿在打水时,一定要对动作的连贯性和节奏性加以注意,在打水时两个脚跟从上到下的距离大约为 35 厘米,要保持适度的幅度,不能过大。

关于自由泳打腿的动作,可以将其动作要点进行归纳总结,主要有以下几点。

(1)大腿带动。

(2)屈膝下压。

(3)直膝上移。

（4）双脚轮流。

（5）交错打腿。

三、手臂动作

在自由泳中，臂部力量是促使身体前进的最主要动力。两个手臂的基本动作是一样的。

一般来说，自由泳的臂部动作可以分为五个部分来加以分析，便于更加详尽地了解自由泳的臂部动作。这五个部分分别是入水、抱水、划水、出水、移臂，这五个部分之间是相互联系的，具有连贯性特征。

（一）入水

在进行自由泳时，当完成空中移臂以后，上手臂要在肩膀的前方，很自然地插入水中。手臂入水时，略弯曲肘关节，使之比手臂高，自然伸直且并拢手掌，与水面成30°～40°角，首先使拇指斜向插入水中。手掌要向外，动作要做到自然放松。手入水时位于肩的延长线上，或位于身体的中线和肩的延长线之间（图6-4）。入水点位置可以根据距离进行确定，在入水时要确保肘关节处于较高位置，按照一定顺序入水：手→前臂→肘→上臂。

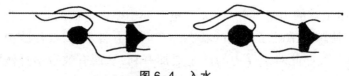

图6-4　入水

（二）抱水

当手臂入水之后，要迅速地开始抱水动作。

手臂入水后，自然伸直手腕，向下转动掌心，积极插向前下方直到对抱水动作有利的位置，此时积极外旋前臂和上臂。当几乎完全伸直手臂时，手臂保持与水平面成15°～20°角，向下弯曲手腕，同时弯曲肘部，使肘比手的位置高。同时还要向前方和下方伸肩膀，这样可以拉开肩膀的肌肉群，能够促使肩膀更有力地向后方划水，同时也做好了划水准备。上臂划至与水平面大约成30°角时，手和前臂已经与垂直水平面相接近了,肘关节弯曲至 150° 左右(图 6-5),手和前臂以较大的横截面积与划水面对准,整个手臂就像抱着一个大圆球,做好划水的准备。

图 6-5　抱水

抱水动作主要是为了做好划水的准备,所以也是比较放松和缓慢的。在抱水的过程中要保持肘部处于较高的位置,以防止下沉。抱水时,手的运动由向后、向下与向外的三个分运动组成。

(三)划水

划水部分是手臂动作中能够产生前进引力的部分。在抱水之后,手臂应该与水平面成 40° 角,然后开始划水。肘部弯曲约为 150°,划水时前臂的动作速度要比后臂的速度快一些。

划水分为两个阶段:从抱水结束到划至与水面垂直之前称为"拉水",过垂直面后称为"推水"。

1. 拉水

拉水时,使肘部处于较高的位置,手分别向内、向上、向后运动。当结束拉水时,手在体下与中线接近,这时,弯曲肘关节为 90° ~ 120°,小臂由外旋向内旋转化,掌心由向内后方到外后方转化(图 6-6)。

90°~120°

图 6-6　拉水

2. 推水

通过屈臂到伸臂完成向后推水动作。在推水过程中,手分别是向外、向上以及向后的运动。要保持肘关节向上,使之靠近体侧,并且始终保持手掌垂直于水平面。推水时,手掌要垂直于水平面,这样能够使推水时产生反作用,从而能够向前推进。

在划水时,手指始终处于自然并拢状态,为了使划水面积增大,手指可以稍微分开,各个手指的空隙应该在5毫米左右。

在推水和划水过程中,为了能够更好地促进身体前进,手腕应该根据手臂位置的改变进行一定程度的改变。在刚开始划水时手掌和小臂基本呈一条直线。在划水时,手部的移动路线是首先由肩膀前方经过肩膀下方,然后到腹部下方和大腿外侧,基本是"S"形,需要强调的是,它是弯曲臂部划水时自然情况下形成的。

(四)出水

在结束划水动作后,由于惯性的作用,手臂很快与水面相接近,这时,肘关节在大臂的带动下做向外上方的"提拉"动作,把小臂和手向水面方向提出。小臂出水动作要稍慢于大臂,掌心位于后上方向(图6-7中①~③)。要保持快速的手臂出水动作,不要停顿,但同时,手臂和手腕应该处于放松状态。

(五)空中移臂

在空中臂前移的动作不能停顿,这是手臂出水的延续。开始移臂时,手掌几乎完全将肘部提向后上方,放松手腕,手位于肘关节后。当向前摆动手臂使之过肩时,手臂应与肘保持同一直线的方向。这时逐渐向前伸出手和前臂,并且开始向前下方转动掌心,接着为入水动作做好准备(图6-7中④~⑥)。注意肘部在整个过程中一定要比肩部高。

图6-7 出水与移臂动作

在自由泳运动过程中,两个手臂正确配合能够为身体前进提供很大的动力,这对于身体平衡性的保持也是非常有帮助的。两个手臂正确配合也有利于更好地增强肩部力量,积极带动划水。两个手臂配合有后交叉、前交叉和中交叉。当一个手臂在水中完成移臂动作时,要使另一个手臂处于胸和肩下方,并且与水平面成 90° 角,这叫作中交叉。如果另一个手臂推水到了腹部下方,并且与水平面所成的角度为 150° ,则叫作后交叉。目前自由泳练习中一般采用中交叉和后交叉,也就是当一个手臂完成移臂动作时,另一个手臂划动至腹部和胸部下方,并且与水平面形成 120° 左右的角。

四、配合技术

关于自由泳的配合技术,通常可以分为以下三种。

(1)两条腿打水六次,两个手臂划水各三次,呼吸一次;

(2)两条腿进行四次打水,两个手臂各划水一次,呼吸一次;

(3)两条腿各打水一次,两个手臂各划水一次,呼吸一次。

截至目前,这三种配合方法中,两条腿打水六次是最为流行的一种配合技术,长距离自由泳中大部分会采用两次打水技术,在女运动员比赛中采用两次打水技术的频率比较高,并且在成绩获取方面较为理想。采用六次打水配合技术,能使身体的平衡性、臂腿动作的协调性都得到良好保持。采用四次打水配合技术则能使腿承受的负担有所减轻,加快手臂划水频率,更好地促使臂部动作。两次打水配合技术能够大大减少腿承受的负担,加快手臂划水的频率,将臂部动作的作用更好地发挥出来,但是有一点要注意,即一定要使臂部与腿部的动作相互协调,并且要与两个手臂划水技术相配合。

(一)两臂配合

在自由泳时,正确配合两臂是保持均匀前进速度的重要保障,正确配合两臂对于肩带力量的充分发挥是有利的,从而使之能够积极参与划水。

一般的,根据划水时两臂所处的位置,可以将手臂的配合分为三种形式:前交叉、中交叉和后交叉。

1. 前交叉

一臂入水，另一臂的位置在肩前方，大约与水平面成30°角（图6-8中①）。

2. 中交叉

一臂入水，另一臂的位置在肩下方，大约与水平面成90°角（图6-8中②）。

3. 后交叉

一臂入水，另一臂的位置在腹下至划水快结束的部位，大约与水面成150°角（图6-8中③）。

上述这三种配合形式都有各自的特点，其中，前交叉有较长的滑行距离，速度不够均匀，也有较慢的动作频率，这种形式对于初学者是较为适合的，能使其更好地掌握自由泳的动作技术，尤其是对呼吸动作。中交叉和后交叉，则对于两臂力量的发挥和动作频率的有效提高以及速度的加快都较为有利，使推进力能够保持均匀。

图 6-8　两臂配合

（二）两臂和呼吸的配合

自由泳技术中的呼吸技术具有复杂性特点，划水力量、速度和耐力的发挥会直接受制于呼吸技术。一般的，两臂各划一次做一次呼吸。如果初学者还没有熟练掌握呼吸与臂的配合，那么，可以选择适当地多划几次臂然后吸一次气。

其正确的配合动作为：吸气时，随着肩与身体的纵向转动，头向一侧转动，使头在比水面低的波谷中吸气。此时，同侧臂正处在出水向移臂转化的阶段（图6-9）。移臂时，头向正常位置转动。同侧臂入水时，开始慢慢呼气，并缓缓用力促使呼气速度逐渐加快。

图 6-9　两臂与呼吸的配合

（三）完整的配合

一般的，自由泳会采用转头吸气的方法进行吸气。

这里以向右吸气为例，其配合动作应为：右手入水后，嘴与鼻慢慢呼气。右臂划水到肩下位置时，头向右侧方向转动，此时增大了呼气量。将要结束右臂推水动作时，呼气要用力，直到嘴出水面。右臂出水时吸气，移臂到与肩同高时结束吸气。头部随着手臂的向前移动而转向之前的位置，并且闭气。爬泳的呼吸与臂、腿的配合是 1 : 2 : 6。也就是说，1 次呼吸、2 次划水、6 次打水，但也有 1 : 2 : 4 或 1 : 2 : 2 的配合，具体应根据实际情况来选用。

第三节　自由泳技术科学训练指导

一、自由泳身体姿势训练

（一）游泳池边打水

训练目的：体会打水技巧，观察打水方式。

训练方法：坐在游泳池的边缘，脚要绷直，同时把腿放在水面上，并伸直，然后把双腿向水的下方移动，大约移动 30 厘米，两条腿要并拢。逐渐将其中一条腿移动到水面，然后再移动到原来的位置。同时将另外一条腿也移动到水面上，按照这个方法，使两条腿交替着在水中上下移动。在两条腿交替移动时，脚一定不能分开，要绷直脚背，同时使脚尖指着对岸。在向上方打水时，两条腿不可以露出水面，要随着动作的熟练，逐渐加快打水速度。在进行打水加速时，膝盖略微弯曲，同时要放松踝关节。

二、自由泳腿技术训练

（一）侧打腿

训练目的：利用连续打腿来使身体体会在水中运动的感觉。

训练方法：一臂前伸，另一臂位于体侧，头保持侧向；打腿密而快速。

（二）6次腿滚动

训练目的：使臀部、肩部在转动的同时保持持续的侧向打腿。

训练方法：一臂前伸，一臂位于体侧，保持身体侧向，并打腿，完成6次打腿后，前伸臂做一次划手动作，体侧臂做移臂动作，身体做滚动动作。"滚"向另一侧；再完成6次打腿动作；运动员应在身体侧向时准确地完成打腿动作，脸向下，在手入水时，眼睛朝前看手的背面：可以在身体向一侧滚动时进行呼吸动作。

（三）扶板打腿

训练目的：提高打腿和划手的协调配合。

训练方法：一手扶板，另一臂做连续划水动作：尝试着在抱水和内划阶段打2次腿；推水阶段打1次腿；移臂阶段打3次腿；在进行练习时应将注意力放在入水、划水、加速推水和空中移臂上。

（四）水下流线型打腿

训练目的：最大限度地练习腿、身体控制能力。

训练方法：保持身体的流线型，在水下进行打腿练习。

（五）18次腿

训练目的：提高身体的控制能力。

训练方法：两臂前伸，保持流线型姿势并做12次打腿后，然后做一臂的划水动作并完成6次打腿；然后重复，并做另一臂的划水动作。

（六）腿部动作训练

1.陆地模仿训练

（1）坐姿打水。

训练方法：坐在池边或地上，两手后撑，两腿伸直，腿内旋使脚尖相对，脚跟分开成八字，两腿放松，以髋为轴，大腿带动小腿，上下交替打水。

（2）卧姿打水。

训练方法：俯卧在凳上，做两腿上下交替打水，要求同上。

2.水中训练

（1）俯卧打水。

训练方法：手握池槽，或由同伴托其腹部，成水平姿势，两腿伸直，做直腿或屈腿打水。

（2）仰卧打水。

训练方法：仰卧姿势，手握池槽，或由同伴帮助托其背部，做两腿交替打水，注意膝盖不要露出水面。

（3）滑行打水。

训练方法：练习时要求闭气，两臂伸直并拢，头夹于两臂之间。

（4）扶板打水。

训练方法：练习时两臂伸直，放松扶板，肩浸水中，手不要用力压板，呼吸自然。

（七）抬腿训练

训练方法：用手扶着池壁，一条腿呈直立状，另一条腿脚背紧绷，同时使大拇指接触地面，腿仍然处于伸直的状态，然后逐渐将腿向上抬高大约30厘米，这个动作保持2秒钟，之后将腿放到原来的位置，反复练习，重复20次左右换另一条腿进行。

三、自由泳划臂技术训练

（一）蛙自混合划手

训练目的：提高抱水和内划技术。

训练方法：两臂前伸，一臂做 3/4 蛙泳划臂动作，然后做自由泳划臂动作，两臂交替进行；注意在划臂过程中保持打腿动作；在蛙泳划臂阶段做呼吸动作。

（二）"2+3"划水

训练目的：提高抱水和推水技术。

训练方法：右臂做 2 次小蛙泳划臂，然后做 3 次自由泳划臂；两臂交替进行；运动员应将注意力放在抱水和加速推水阶段。

（三）抱水／身体滚动

训练目的：加大动作幅度、优化划水路线；掌握身体滚动技术。

训练方法：一臂划水时，另一臂前伸，身体侧向滚动，并尽量保持住；注意力放在划幅、划水路线、加速划水和身体滚动动作上。

（四）单臂划水

训练目的：提高划水效果。

训练方法：一臂位于体侧，一臂做自由泳划水；注意力放在划水路线、抱水、加速推水和高肘移臂。

（五）双臂划水

训练目的：对两个手臂的协调性进行配合练习，体会全身伸展的感觉。

动作要领：戴上脚蹼，把自己的左臂向前伸，呈流线型，把右手手臂放在身体外侧，用两只脚开始进行打水动作。这个时候要保持右肩膀露出水面，眼睛看向下方，然后呼气。保持这个动作大约 3 次。两个手臂进行换位，注意要在同一时间内，左方手臂进行划水，右方手臂在空中移臂，一直到右臂伸展成为流线型，使左臂位于身体一侧，保持这个姿势大约 3 次。两个手臂在同一个时间换位，就按照这个步骤完成一个动作周期，进行反复练习。为了更好地呼吸，可以先向身体的一侧进行吸气，然后游泳几次，向身体的另一侧进行吸气，游泳几次，最后再试着保持每 3 个动作吸气一次。

（六）侧身划臂

训练目的：体会水下划水技术、提高加速推水技术。

训练方法：运动员一臂前伸，一臂位于体侧；身体在水中保持侧向（前伸臂一侧）；前伸臂做向后的划水动作一直到大腿部位，并感觉手臂完全伸直；之后从水下前伸至起始位置，并重复练习；可以要求运动员将头沉入水中观察其"S"形划水路线；要求运动员做较深的抱水、长外划和加速推水动作；需要换气时可以在推水时转头吸气。

（七）3-3 体侧自由泳划臂

训练目的：体会自由泳划臂的整体感觉，提高划水的爆发力。

训练方法：3-3 体侧划臂练习是在完成 3 次侧身划臂练习后，再接着完成 3 次自由泳单臂划水练习。两臂交换进行。

（八）单臂划水—转动

训练目的：强化呼吸时机、保持稳定合理的头部位置和身体转动动作。

训练方法：一臂位于体侧，一臂做划臂练习；在划水臂入水时，身体转动并做转头做吸气（对侧）动作。

（九）单臂连续划水

训练目的：对自由泳练习的技术进行分解。要想正确完成这个技术，需要自由泳练习者具有比较好的打水技术以及对身体的控制技术。

训练方法：戴上脚蹼，进行侧卧式的打水，一个手臂向前方伸展成为流线型，另一个手臂放在身体一侧。用两个手臂进行划水和移臂动作，要注意稳定头部位置，转动肩膀要有力。对着划水手臂一侧吸气，同时要转动另外一侧肩膀，使其露在水面上，并且与水面呈垂直状态。对另外一个手臂进行同样练习。

（十）双臂连续划水

训练目的：在对两个手臂配合划水动作掌握好之后，要注意肩膀的转动和身体动作的控制。

训练方法：戴上脚蹼，身体侧卧着打水，一个手臂向前方伸展成为流线型，另一个手臂放在身体一侧。运用较为流畅的节奏使两个手臂进行分开移臂和划水动作。对这个动作进行反复练习。

（十一）数字训练

训练目的：发展身体的协调性、保持注意力的集中。

训练方法：这是将许多不同的组合放在一臂的划水练习中，不同的打腿和划臂练习组合在一起进行练习。

（1）3+2：3次右臂划水+2次配合；3次左臂划水+2次配合。

（2）3/6/3：3次右臂划水+6次配合+3次左臂划水。

（3）递加+递减练习：1次右、1次左；2次右、2次左；3次右、3次左；2次右、2次左；1次右、1次左。

（十二）水下自由泳

训练目的：体会和控制身体位置，体会手入水时不带气泡的感觉。

训练方法：在水下游自由泳，做自由泳划臂动作，移臂时从身体下方贴身体向前移臂。

（十三）3点接触

训练目的：提高身体控制能力，保持合理的身体位置。

训练方法：一臂划水时，另一臂前伸：当划水臂结束划水时，用手碰触臀部，然后移臂碰触前伸臂的肘部；然后由前向后空中移臂至腿部，并再次碰触腿部；之后，做向前移臂入水动作，并滚动身体。重复进行。

（十四）"鲨鱼鳍"移臂

训练目的：提高和完善高肘移臂技术。

训练方法：在每次移臂过程中，在移臂至肩部位置时，使肘部保持住稳定状态，像鲨鱼的鳍一样，保持2～3秒，然后做入水动作；在这个过程中，腿部保持连续的打腿动作。

（十五）"鸡爪"移臂

训练目的：提高和完善高肘移臂技术。

训练方法：一臂前伸，另一臂做移臂动作。移臂时，手掌紧贴身体前移。

（十六）手指拖拽

训练目的：提高和完善高肘、低手移臂技术。

训练方法：移臂时，用手指接触水面，使手掌处于较低的位置。

（十七）两次入水

训练目的：提高入水技术。

训练方法：一臂前伸，一臂划水动作；在每次即将入水时，先向后抬高肘关节，然后再次入水，将注意力集中在"手—手腕—肘关节"依次入水。

（十八）慢移臂

训练目的：提高身体控制力，提高和完善高肘移臂技术。

训练方法：保持长划水路线，做慢速移臂；移臂时保持高肘，其间一直保持侧身的动作直到肘关节移过头部；手入水时，身体向另一侧轻松转动。

（十九）拉链式移臂

训练目的：更快学会移臂，在进行自由泳时拥有较好的姿势技巧可以更快取得成功。要注意这个练习不适宜于那些肩部有问题的人。

训练方法：戴上脚蹼，首先要练习侧浮打水技巧，一个手臂向前方伸直，用手扶着较小的打水板，身体在水中侧浮并进行打水动作。一个手臂放在身体一侧，同时要用手臂紧贴大腿。这个时候要想象着用食指和拇指握住一条链子，并且沿着身体向下方拉，直到拉到腋下。保持拇指的指甲与身体相贴，并且指向身体的中心部分，掌心向上，保持手腕放松，同时肘关节处于向上姿势。手指向上拉，直到拉到腋下以后，这时沿着拉过去时的路线，再回到开始拉的位置。根据这个动作要领进行反复练习。两个手臂都要进行练习。

（二十）3 划臂、滑行

训练目的：提高爆发力；加强身体滚动动作；提高最大划水效果；保持合理的身体位置。

训练方法：一臂前伸；另一臂做 3 次爆发式的划水，用力打腿；在第 3 次用力划水时使身体成为"一侧滑行"姿势；尽可能使身体保持直线滑行、滑得越远越好；在保持"一侧滑行"姿势时，划水臂位于体侧并保持与水面平行。

（二十一）抬头爬泳

训练目的：发展力量、提高划水效果。

训练方法：抬头爬泳，下巴在水面上，眼睛朝前，保持头部位置稳定；连续打腿。注意保持"手—手腕—肘关节"依次入水；做深抱水和长划水动作。

（二十二）摸对侧臀部

训练目的：提高划臂结束技术；掌握臀部和肩部的转动技术。

训练方法：每次划水时，用手碰触对侧臀部；这个练习也可以和 6 次滚动打腿、"鲨鱼鳍"移臂练习一起进行。

四、配合训练

（一）头部升降

训练目的：提高身体控制能力，保持头部位置的稳定。

训练方法：自由泳游进，头部位置抬起，使下巴在水面上—4 楼位置；将头部位置放在第 3 楼—将嘴放在水里（这时每划 3 次水换气一次）；将头部位置放在第 2 楼—将鼻子放在水里；将头部位置放在第 1 楼—头部位于水平位置。

（二）自由泳—带呼吸管

训练目的：保持头部位置的稳定。

训练方法：将牵引绳拴在池边，运动员将牵引绳拉到一定的距离后，再利用牵引绳的收缩力向池边前进。

（三）"狗刨"

训练目的：提高划臂技术。

训练方法：分5步进行：

（1）头部抬起，两臂外划，做"狗刨"动作。

（2）"狗刨"划水动作，采用高肘抱水。

（3）同上，采用正常的长划水动作，移臂时从水下进行。

（4）同上，移臂上手指贴水面进行。

（5）完整的自由泳动作。

（四）单腿打腿

训练目的：强化一条腿连续和快速的打腿。

训练方法：自由泳配合游，只用一条腿做打腿动作。

（五）握拳划臂

训练目的：体会划水的感觉。

训练方法：采用握拳游自由泳，然后张开手掌，体会划水的感觉。

（六）手指划水掌

训练目的：体会手指划水时的感觉。

训练方法：采用短的手指划水掌进行练习，每次划水时都体会手指对水的感觉。

（七）光板划水掌

训练目的：体会手掌对水的压力。

训练方法：采用不带橡胶带的划水掌游自由泳；移臂时从水下进行。

（八）最大划幅

训练目的：提高划水效果。

训练方法：将注意力放在每次划水的最大划幅上。数划水次数,这个练习可以让运动员在每天的练习中清楚自己游一趟用的最少的次数,然后尽量用这样的划水次数游更长的距离。

（九）牵引拉力

训练目的：提高划水力量和划水效果。

训练方法：采用医用橡胶管、尼龙绳或器械都可以进行；运动员带拉力游25米或50米(正牵引、负牵引)。

（十）混合训练

训练目的：提高动作的协调性。

训练方法：可以将任何练习手段混合在一趟游程中。

（十一）托拽

训练目的：提高划水力量和划水效率。

训练方法：使用阻力物,如使用绳子拴一个水桶等可以带来阻力的用具,游配合或划臂25米或50米。也可以进行长一些距离的练习,如800～1 500米。在这个练习时要注意防止受伤。

（十二）呼吸训练

训练目的：提高氧利用能力、耐乳酸能力；提高身体和头部控制能力。

训练方法：采用2、3、4、5、6、7等划次呼吸1次,或者25米只左侧呼吸；或者只采用右侧呼吸游25米。

（十三）呼吸管训练

训练目的：提高保持身体平衡的能力；提高控制头部位置、身体节奏的能力;提高二氧化碳耐受力、氧利用能力。

训练方法:采用带呼吸管和鼻夹,短冲 25 米或 50 米。

(十四)混合型训练

训练目的:提高身体协调性、控制能力和划臂技术。

训练方法:采用以下几种方式。

(1)抬头划水、水下自由泳、慢移臂、完整配合。

(2)右臂前伸,左臂做蛙自混合划手 + 左臂前伸,右臂做蛙自混合划手 + 完整配合。

(3)6 次打腿、左臂划水;6 次滚动打腿、右臂划水;完整配合。

(4)鲨鱼鳍、两次入水、摸对侧臀部练习。

(十五)手臂与呼吸配合

1. 陆上模仿练习

训练方法:

(1)两脚开立,上体前屈,做臂划水的模仿练习。

(2)同上练习,结合呼吸配合。

2. 水中练习

训练方法:

(1)站立水中,上体前倾,肩浸入水,做臂划水,边做边走,同时转头呼吸。

(2)蹬边滑行后闭气,做两臂配合动作。

(3)腿夹打水板,蹬边滑行后,做两臂划水,结合转头呼吸。

(十六)呼吸配合

训练方法:要做好自由泳配合练习,首先要掌握好换气时的节奏感,这里的节奏一般是进行三次划水换气一次,或者一次划水换气一次,具体换气次数是依据每一个人的肺活量大小来确定的,但是要保持一定的节奏,也就是说换气的次数一定要固定好,要控制好呼吸。

（十七）臂腿呼吸的配合

训练方法：

（1）站立水中,上体前倾做划臂与呼吸配合的练习,借助用力划水向前移动,然后蹬离池底,两腿打水形成完整配合。

（2）蹬边滑行打水漂浮 5 ~ 10 米,做自由泳臂划水与呼吸配合练习。

第七章　游泳运动训练安全的科学保障体系

　　游泳运动是在特殊环境下开展的,一次游泳训练课持续时间长,总的游泳距离也长。高强度、大运动量的训练使游泳运动员体力大量消耗,迫切需要通过补充营养来获取能量。此外,游泳运动员在训练中经常因为各方面的原因而出现运动伤病,这严重影响了健康和训练的顺利进行,制约了训练效果和运动成绩的提高,甚至影响了专业游泳运动员的职业生涯。因此,对游泳运动员日常训练给予科学的全方位的保障非常必要。本章主要就游泳运动训练安排的科学保障体系展开研究,包括游泳运动训练的营养学保障、康复学保障以及医务监督保障。

第一节　游泳运动训练的营养学保障

一、游泳运动训练中合理营养的重要性

　　游泳运动员在训练和比赛中,要保持体质健康,增强体能,促进运动能力的提升,就要注重营养的合理补充。营养与机体的关系非常密切,对机体成分、运动素质、身体机能都有重要影响。人体的正常发育、健康生长、伤病防治以及运动员提高运动水平和成绩等,都离不开营养学手段。营养对人的方方面面都起到举足轻重的作用。

　　游泳是在水环境中开展的水上运动项目,水环境和陆地环境相比具有自身的特殊性,水的阻力、温度对运动员在水中的表现均有影响,而且随着竞技游泳的不断发展,世界泳坛的竞争越来越激烈,游泳运动员参与的专项训练越来越严格,训练量和训练强度不断增加,使得运动员体能大量消耗。在这种情况下,为了保证机体能够正常参与训练,在训练中有好的发挥,就必须重视补充营养。对游泳运动员来说,补充营养

能够促进机体内环境的稳定,对机体器官功能有调节作用,对新陈代谢和血液循环有促进作用,对心血管系统功能和心肺耐力的提升有重要意义,也具有消除疲劳、使神经系统保持兴奋状态的重要功效,所有的这些功效都能作用于提高运动员的体能水平和运动能力,最终提高运动成绩。

游泳运动员在温度为 24℃～28℃的水环境中游泳,水的温度明显比身体温度低。同等温度的水和空气相比,水的传热能力远远高于空气,所以人体会散发大量的热量,消耗大量的能量。相关研究指出,人在水温为 12℃的水环境下停留 4 分钟和人在同等温度的陆地上停留 1 小时所释放的热量是相同的。

游泳运动员在训练中的运动强度主要反映在游速上,运动量主要反映在游距上,可见游泳训练的运动负荷主要体现在游速和游距上。运动员游泳的速度越快,受到的水的阻力就越大,运动强度也随之增加,相应地就会消耗越多的能量。同样的道理,游距长,说明运动量大,这样也会消耗很多的能量。

游泳是速度与耐力的结合,对运动员的速度及耐力提出了很高的要求,所以游泳运动员要多补充对提高自己速度素质和耐力素质有价值的营养,要从专项需要出发合理补充营养。

游泳运动员在水中快速游进,能量代谢快,对氧的需求量很大,磷酸原与糖的无氧酵解供应是运动员所需能量的主要来源,由于训练强度大,短时间内体内就会有酸性代谢产物,所以游泳运动员要补充碳水化合物来帮助吸收,还要补充磷和蛋白质来满足机体代谢需要。

中长距离项目的游泳运动员在训练时间长,游泳距离长的情况下,会消耗大量的热能与营养,有氧氧化是主要供能方式,这会大量消耗肌糖原,促进蛋白质分解,使氨基酸快速向葡萄糖转变,使脂肪在供能中发挥主要作用,所以中长距离项目的游泳运动员需要补充更多的营养素,蛋白质、维生素都是要重点补充的营养素。

二、游泳运动员在训练中的营养需求和补充要点

游泳运动员对营养的需求和营养补充方案要从专项特征和专项发展需要出发来确定,旨在通过合理补充营养而满足机体活动之需,最终促进运动能力的提升。补充营养一方面要预防营养不良,另一方面还要注意避免过度补充营养而造成营养过剩。

（一）充足的能量

相关研究结果显示，游泳运动员每天进行 4 小时训练，男女所需要能量分别为 1.67×10^4 ~ 2.26×10^4 千焦 / 天和 1.40×10^4 ~ 1.67×10^4 千焦 / 天。在游泳训练中，运动员自身的身体重量及训练强度、训练时间等因素都会影响能量消耗的量，能量消耗因这些因素的不同而存在差异。有关报道显示，国外优秀男子游泳运动员每天摄入的能量为 1.82×10^4 千焦，优秀女子游泳运动员每天摄入的能量为 9.63×10^3 千焦，这意味着男子游泳运动员每千克体重摄入 209.3 千焦能量，女子游泳运动员每千克体重摄入 150.7 千焦能量。他们的能量来源主要是糖和脂肪，男子和女子运动员从糖类中获取的能量分别占 49% 和 53%，从脂肪中获取的能量分别占 34% 和 30%。我国推荐短距离项目的游泳运动员每天补充 1.76×10^4 千焦能量，长距离游泳运动员每天补充至少 1.97×10^4 千焦能量。温度较低的水环境有刺激食欲的功效，所以同龄的游泳运动员和耐力型径赛项目运动员相比，前者的身体成分高 4% ~ 6%。但游泳运动会造成大量能量的消耗，有些运动员虽然每天正常饮食，但是能量补充还是不够，从而影响了正常训练。如果长期都不能补充充足的能量，而且日常饮食中不注意补充碳水化合物，就会增加发生慢性肌肉疲劳的概率。在游泳训练中如果机体能量不足，当耗尽了快收缩肌纤维中的糖原时，人体就很难正常运动，也难以对身体各部位的活动进行控制，从而增加发生运动损伤的可能。因此，游泳运动员在日常膳食中必须补充充足的能量，以满足机体活动需要，预防运动损伤，提高运动能力。

（二）维生素、微量元素和无机盐充足

在人体物质代谢中，体内的无机盐、微量元素和维生素作为调节剂发挥着至关重要的作用，所以不要因为这些营养素不能直接产生能量就不注意补充。游泳运动员需要补充较多的维生素，如维生素 A、维生素 B 和维生素 C。在游泳训练中，运动员机体物质代谢加快，会消耗大量的维生素，所以要多补充一些，而且维生素储备量的增加对于促进机体工作能力的提升具有重要意义，进而对提高运动成绩有帮助。

锌、铁、铜等微量元素会在很大程度上影响人体代谢过程。能量代谢离不开锌的参与,在机体血红素中铁是非常重要的组成部分,体内酶的活力又会受到铜的影响。不同的微量元素各自发挥着重要作用,如果不及时补充,将会降低运动能力,影响运动成绩。

人体内环境稳定状态如酸碱平衡的维持离不开钙、钠、镁、钾等无机盐的参与,这些无机盐主要发挥促进体内碱储备增加和使神经系统保持兴奋状态的作用。

(三)比例适宜的能源物质

游泳运动员参加训练和比赛会消耗大量的能量,所以在饮食中要加强补充,营养全面,各类营养食物合理搭配,比例适宜,既要满足训练和比赛的需要,又要使自身的体重和体脂保持在正常范围内,在饮食的数量和质量上都要达到专项要求,满足专项需要。

能源物质比例适宜,对促进机体物质代谢和保持与提升运动能力具有重要作用。对于游泳运动员来说,脂肪、蛋白质和碳水化合物三大能源物质的适宜比例分别为30%左右、12%～15%以及55%～70%,这个比例指的是该能源物质在总热能中的比例。

(四)食物易消化,酸碱平衡

现阶段,竞技游泳运动不断发展,泳坛的竞争越来越激烈,不管是日常游泳训练还是正式游泳比赛都紧张而激烈。游泳运动员在这样的运动环境下神经系统大部分时间都处于高度兴奋状态,而且运动量的增加容易加重运动员的疲劳,影响运动员的消化系统功能。对此,游泳运动员补充的食物应该具备体积小、易消化的特点,而且食物的质量每天不超过2.5千克,否则会增加肠胃负担,影响消化。此外,游泳运动员在训练中耗氧量大,会有大量乳酸堆积在肌肉中,容易引起疲劳,所以在日常饮食中酸性食物与碱性食物的平衡也是一个非常重要的要求。

(五)食物多样,营养均衡

游泳运动员的日常膳食在总量达到要求的同时,要尽可能补充多样化的食物,例如纯热量食物,如糖、脂肪;高蛋白食物,如蛋、奶、鱼、肉、豆、禽等;维生素丰富的食物,如各种蔬菜和水果;谷类主食,如米、面、杂粮等,只有多样化的食物才能保证运动员全面吸收营养,才能满足机体在运动中对能量的需求。

（六）健康科学的膳食习惯

游泳运动员要根据自己的生活习惯和消化系统的功能水平安排与调整饮食时间。如果一天中安排了大运动量的训练或这一天要参加游泳比赛，那么在距离正式训练或比赛前的 2.5 小时内最好不要进食，要给肠胃留出足够的排空时间，还要考虑紧张情绪对肠胃消化时间的影响。应在训练和比赛前几个小时进餐，以留出时间来消化食物，而且进餐要控制好量，如果吃得太多，超过正常量，那么可能到了比赛时间还没有充分消化，从而影响正常发挥。运动后也不宜立即进餐，更不可暴饮暴食，一般在训练和比赛结束后隔半小时再进餐，这样能留出一定的时间使消化系统做好准备，也能利用这段时间来促进心肺机能恢复正常。

一般来说，游泳运动员要保证一日三餐的正常饮食，三餐提供的热能在一天中机体所需的总热能中占比不同，早餐和晚餐各占 30% 左右，午餐占 40% 左右。如果一天的训练量很大，能量消耗增加，那么可以中途加餐，如吃快餐或点心，这样不会影响训练时间，但快餐一定要有营养，不能随便吃，一日三餐和加餐都要保证食物多样，营养全面而丰富，保持较高的营养密度。一日三餐都很重要，但也要根据训练或比赛的需求而有所侧重，如果训练时间在上午，那么要强调早餐的重要性，早餐食物中维生素、蛋白质要丰富，热量要高一些。如果训练时间在下午，那么就要特别重视午餐。一般来说，晚餐不宜摄入高热量的食物，否则会对睡眠质量和第二天的训练造成影响。不管侧重哪一餐，都要控制饮食量，不能随便大吃大喝，以免加重肠胃负担，增加训练或比赛中发生运动伤病的风险。

健康的饮食原则还包括不抽烟、不喝酒，不喝含酒精的各种饮品，对肠胃有很大刺激的食物也不宜吃，饮食有节，游泳运动员如果可以严格要求自己，规范饮食，不暴饮暴食，那么对保持健康和提高运动水平具有重要意义。

第二节　游泳运动训练的康复学保障

一、游泳运动损伤及产生原因

游泳运动损伤指的是游泳运动员在游泳训练或比赛过程中造成的身体损伤。游泳运动损伤具有特殊性,这是由水环境的特殊性所决定的。游泳运动员在训练和比赛中发生的损伤不仅包括肌肉损伤、骨骼损伤,还包括感官功能损伤,这些损伤都会严重危害游泳运动员的健康,影响运动员的运动能力。游泳训练中还会出现很多慢性损伤,多是由运动员过度训练或技术不准确而日积月累形成的,但运动员又不易发觉,这些损伤对运动员具有很大的潜在危害,必须引起重视。

游泳运动员在训练中出现运动损伤的原因可以归纳为以下几点。

(一)准备活动存在问题

游泳运动员在正式训练前,必须做好必要的准备活动,如果这一环节出现问题,那么将影响后面的训练效果,也容易引发运动损伤,危害健康和影响运动能力。具体来说,游泳运动员在准备活动环节常见的问题表现在以下几方面。

(1)准备活动少,只是拉拉筋骨,稍微活动一下身体,尚未充分唤醒身体各部位的功能。

(2)准备活动简单,与游泳专项结合不密切,与将要训练的内容没有紧密的联系。

(3)没有循序渐进地安排准备活动,刚开始就进行大强度的活动,用力猛,速度快,时间长,消耗了体力,正式训练时因为体力不支而引起运动损伤。

(4)准备活动与正式训练没有密切衔接,间隔过长,虽然经过准备练习而使身心状态保持良好水平,但经过较长的时间进入正式训练后,这一效果已经消失了。

（二）身心状态不佳

游泳运动员如果训练前没有休息好，或前一天睡眠差，那么身体机能水平就不会很高，在疲劳状态下训练，力量不够，速度提不起来，协调性也差，难以准确完成游泳动作，也容易引起运动损伤。

身体素质与运动训练有很大的关系，身体素质好的运动员在训练中能稳定发挥，不易疲劳和受伤，而身体素质差的运动员，肌肉没有足够的力量，神经系统反应迟钝，关节也不稳定、灵活，所以受伤的概率就高。

有的运动员带伤训练，缺乏良好的自我保护意识和警觉性，再加上主客观因素的影响而导致注意力分散，所以发生运动伤病的可能性较大。

如果运动员在心情差、情绪低落和精力分散的状态下进行训练，神经系统抑制占主导，这种情况下很容易出现损伤。

（三）运动量过大

游泳运动员在训练中，如果身体某一部位受到过大负荷的刺激，超出身体的承受能力，那么就容易造成运动损伤。运动疲劳也是引起运动损伤的直接原因。游泳训练中有大量的蹬水动作，腿部运动负荷大，随着训练时间的加长，腿部很容易疲劳，这样动作就不像之前那样准确、协调，而且极易受伤。

（四）环境不佳

游泳运动员在训练中出现运动损伤和环境因素有关，如光线因素、天气因素、水的因素。

在户外水环境中进行训练受天气因素的影响很大，如果户外气温很高，水温也高，游泳时出现运动疲劳的可能性就增加了，而且有中暑的风险。如果户外气温低，水的温度也低，在低温的水中游泳，肌肉活动缺乏灵活性，动作的协调性也较差，甚至有的运动员会晕厥。

水质对游泳训练效果和运动员的健康有很大的影响，如果水质不过关，含有大量氯，会对运动员的呼吸器官造成严重刺激，使运动员出现咳嗽症状，从而影响训练的正常进行，并对运动员的健康造成威胁。此外在光线差的环境下训练，会影响神经系统反应能力和视力，容易造成运动损伤。

（五）技术错误

游泳运动员在训练中如果不能准确完成技术动作，那么也容易受伤。错误的技术动作与身体结构特征、身体机能特点、身体活动规律以及运动生物力学原理等是相违背的，是不科学的，这是引起运动损伤的主要原因之一。

例如，游泳运动在陆上进行负重训练时，如果在塌腰和过度挺胸的状态下举杠铃，就容易损害腰部，引起腰部损伤。

又如，运动员入水后下肢过度后屈，这对腰部和腿部都有损害性影响。

再如，运动员不熟练出发技术，跳水时容易发生急性损伤。

为了避免因技术错误而造成运动损伤、引发意外事故，运动员在不熟悉技术动作时要在同伴或教练员的辅助或保护下完成训练。

（六）组织管理不当

游泳训练中如果组织管理工作不细致，很容易造成运动损伤的发生。例如，游泳池池底不干净，有玻璃碎片、锐利石块或木片等障碍物，很容易刺伤脚底和小腿；游泳池太小，人多拥挤，很容易相互撞伤、抓伤等；在天然水域水底有木桩或其他杂物，也很容易出现撞伤、擦伤等损伤事件。

二、游泳训练中常见损伤及其处理、预防

（一）肩部损伤及原因

在人体各关节的活动中，肩关节活动范围最大，运动形式最多，极易发生损伤，这与肩关节的解剖生理特点有关。肩关节是由肩胛骨的关节盂与肱骨头组成的，因为肱骨头较大，呈球形，关节盂浅而小，仅包绕肱骨头的 1/3，关节囊薄而松弛，所以肩关节是人体运动范围最大而又最灵活的关节，它可做前屈、后伸、内收、外展、内旋、外旋以及环转等运动。肩关节的这个结构特点虽然保证了它的灵活性，但影响了它的牢固稳定性，肩关节是全身大关节中结构最不稳固的关节，所以游泳运动中很容易发生肩部损伤，被称为"游泳肩"。

在游泳抓水、划水动作中,肩部肌肉内旋,频繁重复动作会使肌腱产生炎症和损伤。划水动作过程中肩关节后屈、内转,导致肩峰与大结节相靠近,在划水阶段易发生碰撞,加重肌腱肩袖的损伤。肩部肌肉劳损是游泳运动员的常见损伤,所以应注意加强肩部保护。

游泳运动员发生肩关节损伤的原因主要有以下几点。

(1)训练前准备活动不充分,未拉伸肩关节。

(2)技术不正确。以仰泳、爬泳姿势最为突出,错误的划水和移臂技术造成动作不协调,违背了机体结构特点和力学原理。

(3)局部负荷过重。有的运动员肌肉力量较差,忽视肩带肌群力量训练,加之训练不系统、手段单一、内容单调,长时间进行单一的划水练习,使肩部局部负担过重而导致受伤。

(4)肩带柔韧性差,肩关节不灵活,限制了完成划水和移臂动作的正常方位,容易造成肩劳损。

(5)在赛前训练阶段,运动员为了取得冲刺效果,游泳时速度过快、动作过猛、力量过大,容易引起肩损伤。

(6)初期劳损未得到充分恢复的情况下就进行训练,容易加重损伤并造成新的损伤。

(7)缺少放松练习,训练中肩带肌群负荷大,训练后缺乏放松练习和肩牵引练习,肌肉疲劳积累,容易引起损伤。

(二)腰部损伤及原因

腰部是人体的核心部位,起到连接上肢和下肢的桥梁作用。在游泳过程中大部分动作是以腰部为出发点带动上下肢完成的。游泳运动中常见的腰部损伤主要有慢性关节损伤、急性肌肉韧带拉伤。

蛙泳中,人体解剖生理特性和蛙泳动作技术特性使得膝和腰部容易受伤;蝶泳时全身鞭打动作以及蝶泳腿的打水动作都是由腰部发力,腰部一直处于屈伸的转换状态中,对腰腹力量要求极高,如果准备活动不充分,力量不足,技术动作错误就很容易造成腰部损伤。由此可见,游泳运动员要预防腰部损伤,就要增强腰部力量、正确掌握游泳技术动作。

(三)膝部损伤及原因

在游泳过程中,膝关节从屈曲到伸展,外翻再到外旋都会增加内侧副韧带的紧张性,加上游泳过程中反复牵拉、伸膝打水,一旦身体协调不当就容易发生运动损伤。

膝关节损伤是蛙泳训练中常见的一种损伤,多见于膝关节内侧副韧带的损伤,这种损伤有时还伴有剧烈疼痛、压痛、乏力等症状。

引起膝关节损伤的主要原因如下。

(1)力量、柔韧性差。如果大腿内收肌和膝关节韧带等软组织的坚韧性差、力量弱,达不到动作负荷的要求,容易引起膝关节损伤。

(2)准备活动不充分,承受不住大强度的负荷,因此容易造成膝关节损伤。

(3)蛙泳蹬腿时,为了使小腿内侧对准蹬水方向,必须使小腿外旋,而内侧副韧带的主要功能是阻止膝关节外翻和胫外旋,当蹬腿用力不当时,内侧副韧带承受不了这一大强度动作而引起损伤,而且蛙泳蹬腿要求两脚是对称的且同时蹬水,所以容易出现双膝损伤。

(4)技术动作不规范,用力不合理。做违背解剖结构的动作会加大对膝关节肌肉、肌腱、肌膜的压力,容易引起损伤。

(5)练习方法不合理。由于练习不系统、手段单一、内容单调,或长时间做蹬腿练习,局部负担过重,强度增加太快,会导致膝关节局部疲劳而引起损伤。

(6)肌肉用力不均衡或某一次动作过分用力、用力不当,主动肌和对抗肌收缩不协调,往往会引起膝关节周围肌肉拉伤。

(7)如果膝关节受过伤,再次受到过大的刺激,就容易引起旧伤复发。

(四)科学处理损伤

按照损伤的程度,将肩、腰、膝部损伤分为轻、中、重度损伤三个等级。不同程度的损伤,其症状和处理方法也不同。

1.轻度损伤的处理

轻度损伤的症状为局部肌肉酸胀疼痛、青紫。处理方式如下。
(1)停止患部训练,加强其他部位的力量练习。
(2)采用冰敷法或热疗法,服用三七片等止疼药物。
(3)采取推拿按摩等保健手法来辅助恢复。

2. 中度损伤的处理

在肌肉关节损伤疼痛初期,如继续参加训练,将会加剧运动损伤,此时症状表现为游泳过程中蹬腿时疼痛加剧,游泳结束后仍会伴有疼痛,局部会有肿胀、压痛等现象,此时可以通过更换泳姿、减少患部运动量、服用药物等方式进行处理。

3. 重度损伤的处理

重度损伤症状为经常性周围肌肉、关节疼痛,夜间疼痛加剧,此时应立刻停止游泳,采取理疗、服用药物及相应的康复性功能锻炼等方式进行处理,或及时联系医务人员采取相应的措施治疗,等机体恢复到初、中期后再进行训练。[①]

（五）有效预防损伤

（1）游泳前做好准备活动,提高肌肉神经的兴奋性,增加肌肉的弹性和灵活性,增强关节周围肌肉韧带的柔韧性和协调性,重点加强易伤部位的力量练习。

（2）运动后适当放松,通过肌肉韧带拉伸、呼吸调节等方法使机体应激反应恢复正常水平。

（3）运动后通过补充营养使机体顺利恢复。

三、游泳训练中常见疾病及其处理、预防

（一）肌肉痉挛

肌肉痉挛又称"抽筋"。当肌肉受到强烈的刺激而突然发生强直性收缩,造成局部肌肉内部环境的改变,提高了肌肉的兴奋性,引起肌肉痉挛。肌肉痉挛的症状为肌肉剧烈收缩,十分坚硬,疼痛难忍,伴随体力不支、全身松软,运动能力消失,一旦缓解,运动能力又会恢复。

1. 原因
游泳训练中发生肌肉痉挛的常见原因如下。
（1）下水前准备活动不充分,身体各器官及肌肉组织没有活动开,

---

① 吕雪.游泳运动学练导论[M].北京：北京体育大学出版社,2018.

下水后突然做剧烈的蹬水和划水动作容易引起肌肉痉挛。

（2）低温水刺激肌肉使肌肉突然收缩而出现肌肉痉挛。

（3）情绪紧张，心理状态不佳。

（4）技术不正确、动作不协调。

（5）游泳时间长，机体大量散热，过度疲劳等。

2. 处理

游泳中手指、手掌、脚趾、小腿、大腿和腹部等部位易发生肌肉痉挛。发生肌肉痉挛后，痉挛部位肌肉失去原有功能，并且疼痛难忍，造成恐惧感，这时容易发生溺水事故，所以要及时处理肌肉痉挛。

（1）引伸法。

无论什么部位发生肌肉痉挛，都要及时采取拉长肌肉的办法来进行紧急处理，否则容易出现危险。

①前臂及上臂前肌肉痉挛。

用没有出现肌肉痉挛的手抓住出现肌肉痉挛的手，尽量向手臂背侧做局部伸腕动作，然后放松，重复做几次。

②上臂后肌肉痉挛。

出现肌肉痉挛的手臂屈肘向后，用另一只手托住其肘部向后弯，重复做几次。

③手掌肌肉痉挛。

双手合掌向左右按压，重复做几次。

④手指肌肉痉挛。

手指肌肉痉挛时，迅速握紧拳头，再用力伸直，重复做多次（图7-1）。

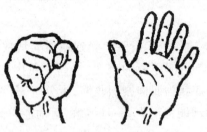

图 7-1　手指痉挛的引伸法[①]

⑤大腿肌肉痉挛。

深吸气，在水中仰卧，弯曲肌肉痉挛腿膝关节使大小腿折叠，双手将

---

① 吕雪. 游泳运动学练导论 [M]. 北京：北京体育大学出版社，2018.

小腿抱住以促进折叠,大腿尽可能向胸部靠近。双手放开小腿,伸直腿。反复如此(图7-2)。

图7-2　大腿肌肉痉挛的引伸法 [1]

⑥小腿肌肉痉挛。

深吸气,在水中仰卧,肌肉痉挛腿异侧手将肌肉痉挛腿脚趾抓住拉向身体方向,抽筋腿同侧手置于抽筋腿膝盖处以帮助抽筋腿伸直,保持这个动作,直至消除痉挛。然后对小腿肌肉进行揉捏,并轻轻抖动,缓解小腿疼痛症状(图7-3)。

队友之间也可以互相帮对方消除肌肉痉挛,如练习者小腿肌肉痉挛时,脚尖勾紧,同伴用手将其肌肉痉挛腿的脚尖抓住向身体方向推压,以帮助消除症状。

图7-3　小腿肌肉痉挛的引伸法 [2]

(2)穴位按摩。

按摩穴位也可以有效消除肌肉痉挛。易发生痉挛部位的常用穴位如下。

颈、背、腰部常用穴位如图7-4所示。

上肢常用穴位如图7-5所示。

下肢常用穴位如图7-6所示。

---

① 刘亚云,黄晓丽.游泳运动[M].长沙:湖南师范大学出版社,2007.
② 刘亚云,黄晓丽.游泳运动[M].长沙:湖南师范大学出版社,2007.

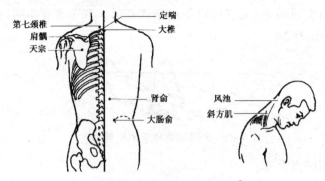

图 7-4　颈、背、腰部穴位[1]

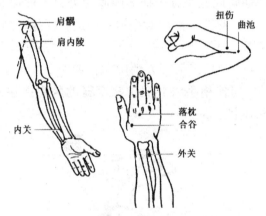

图 7-5　上肢穴位

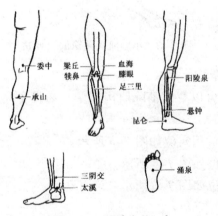

图 7-6　下肢穴位

① 姚鸿恩.体育保健学[M].4版.北京:高等教育出版社,2006.

按摩穴位时常用的几种手法如下。

①掐法。

用手指指尖压在身体某一部位或穴位上持续掐压。该按摩手法具有较强的刺激作用。用拇指掐时,其余四指握拳,拇指微屈与食指紧贴,以助发力,如图7-7所示。

图7-7 拇指掐法

②拿法。

拿法是指两手指端同时对向挤压两个对称的穴位或肌肉、肌腱,如图7-8所示。拿法的主要作用是通经活络、调节胃肠、缓解痉挛、消除疲劳、止痛开窍等。

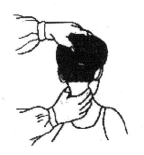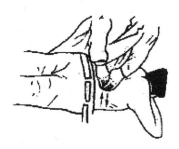

图7-8 两指拿法和五指拿法

③振法。

振法是指、掌附着在体表穴位,手臂肌肉静止性用力做上下快速震颤,频率要快,其功效主要是调理胃肠功能、缓解痉挛。

掌振法:用手掌掌面在头、腹、腰骶等体表部位操作,如图7-9所示。

指振法:食指、中指伸直,指端贴在穴位体表进行操作,如图7-10所示。

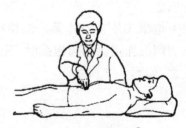

图 7-9　掌振法　　　　　　　图 7-10　指振法 [1]

3. 离开危险区域

在水中发生肌肉痉挛,身体活动能力下降,容易发生溺水的危险,如果运动员不能及时采取方法缓解痉挛症状,就要想办法离开危险区域,具体方法如下。

(1)仰漂游。

①方法一。

如果下肢发生痉挛而不能活动,可以仰卧在水中,双手用力划水而向池边靠近(双脚对着目标方向)。

②方法二。

如果身体其他部位发生痉挛,可以仰卧在水中,头对着目标方向朝游泳池边移动;如果手臂不能划水,那么可以靠打腿而靠近池边;如果双腿不能打水,那么可以靠手臂划水移向岸边。总之要灵活应变,视情况而对,不管是哪只手臂或哪侧腿可以动,都要努力向池边移动。

(2)踩水游。

如果手臂不能活动,可以通过踩水来离开危险区域,身体在水中直立,侧着身子向池边游。

(3)滑行打水。

手臂不能活动时,也可以采用滑行打腿的方法向池边游。先深吸气,头低下,两臂在体侧放松,双腿按照蛙泳、蝶泳或爬泳的打水动作而用力打水,慢慢向池边靠近,大约每隔 10 秒就抬头换气。

4. 漂浮休息

发生肌肉痉挛后,运动员身体活动能力下降,体力不支,无法继续训

---

① 姚鸿恩.体育保健学 [M].4 版.北京:高等教育出版社,2006.

练,这时可以选择漂浮休息来恢复体力或等待同伴的援助。

（1）垂直漂浮休息。

头部出水面呼吸 2 ~ 3 秒,低头,两臂小幅度划 2 ~ 3 下,放松身体,两臂向上伸展,分开两腿,缓慢吐气 6 ~ 10 秒。两臂向下划水,两腿用力蹬水,抬头吸气,反复进行。

（2）仰卧漂浮休息。

在水中呈仰卧姿势,双臂向上伸展,分开两腿。做长而深的吸气,缓慢呼气,稍屏息。可对身体姿势进行调整以保持平稳的漂浮状态,如果腿部向下沉,那么伸出手臂,手腕弯曲,如果效果不明显,则缓缓屈伸肘关节,慢慢调整身体姿势,找到最好的、最舒服的状态,保持重心稳定。

5. 预防

（1）多补充热量,补充钠、钙、磷等无机盐,夏天进行游泳训练时对淡盐水和维生素的补充尤为重要。

（2）先做好充分的准备活动再下水练习,准备活动中要适度按摩容易发生痉挛的部位。

（3）持续训练的时间不要太久,不要在空腹和疲劳状态下进行大强度游泳。

（4）日常生活中加强锻炼,多运动。

（二）腹痛

游泳训练中,如果运动量大,训练时间长,那么很容易发生运动性腹痛,简单地说就是肚子痛。

1. 原因

（1）运动员在空腹或饱腹状态下训练,肠胃容易痉挛,从而引起肚子痛。

（2）运动员没有做好准备活动就下水训练,而且不是循序渐进加快速度,而是突然加快速度,也容易出现肚子痛的症状。

（3）如果运动员本身就有慢性阑尾炎、肠胃炎等慢性病,那么在大运动量的训练中很容易肚子痛。

2. 处理

如果训练中感觉肚子痛,那么应立即减慢游泳速度,调整呼吸,对腹部轻轻按压,直至症状消失。如果没有效果,而且越来越痛,那么就要停止训练,及时医治。

3. 预防

(1)平时多锻炼,增强体质。

(2)饮食合理,训练前3小时左右进餐,不暴饮暴食。

(3)做好准备活动再在水中训练,呼吸方式要正确。

(4)彻底治疗腹部慢性疾病,在治疗过程中要遵循医嘱而训练。

(三)结膜炎

1. 症状

结膜炎是游泳训练中常见疾病之一,主要症状是游泳后眼睛局部酸涩、红肿、有异物感及流泪等,数小时后症状消失。

2. 原因

游泳池内消毒水的化学刺激或不干净的河水、海水等的刺激会造成结膜炎。

3. 预防

(1)在清洁的池水中游泳,游泳时戴上防水眼镜。

(2)游泳后感觉眼部不适,可点用滴眼液加以预防,不要用手揉眼。

(四)耳病

这里的耳病是指外耳道感染和中耳炎。这两个部位见耳部解剖结构图(图7-11)。

1. 症状

耳内痒、耳内流水、耳内疼痛,轻轻牵拉耳部时疼痛加剧,耳内流出难闻的黄色液体。

2. 原因

(1)游泳时耳朵进水,一时排不出水时,用手指抠挖,导致耳道皮肤破损,进而引起炎症。

(2)在不干净的水里游泳时,因鼻腔呛水,细菌经咽鼓管进入中耳也可引起感染。

3. 预防

（1）避免在污水中游泳，不要用锐物掏耳。

（2）呛水后不要同时捏住两侧鼻孔用力擤鼻。

（3）游泳后将外耳道内残留的水用干净棉条拭干，以免细菌生长繁殖。

（4）当耳朵出现疼痛时应避免下水游泳，及时到医院就诊治疗。

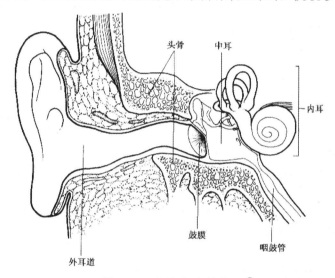

图 7-11　耳部解剖结构图 ①

第三节　游泳运动训练的医务监督保障

一、游泳运动训练医务监督的常用指标

（一）心率

游泳运动训练结束后测量运动员的即刻心率可以反映出训练过程中运动强度和运动量的大小。游泳运动员在训练后即刻心率与运动强

---

① 刘亚云，黄晓丽.游泳运动 [M].长沙：湖南师范大学出版社，2007.

度的关系见表 7-1。

表 7-1 训练后即刻心率与运动强度的关系 [1]

心率	运动强度
> 180 次 / 分	大强度
> 150 次 / 分	中等强度
> 144 次 / 分	小强度

游泳训练结束 5 ~ 10 分钟后，测量运动员的心率，可以反映出训练过程中运动负荷的大小，二者的关系见表 7-2。

表 7-2 训练后 5 ~ 10 分钟心率与运动负荷的关系 [2]

心率	运动负荷
比运动前心率快 6 ~ 9 次 /10 秒	大负荷
比运动前心率快 2 ~ 5 次 /10 秒	中等负荷
和运动前心率一样	小负荷

游泳教练员与运动员根据心率指标可以合理安排与控制运动强度与负荷。需要注意的是，在游泳训练过程中，如果突然加大运动强度，心率也会突然增加，但如果以稳定的强度持续训练 10 分钟左右后，运动员的心率也处于稳定状态。在运动员的心率还没有进入稳定状态前，运动员心率与运动强度的关系可以用线性关系来描述。所以游泳教练员在对运动强度进行控制的过程中将心率作为参考指标应该是在运动员的心率还未稳定前。也有教练员在运动员心率达到稳定状态后依然将心率作为调整运动强度的参考指标，这也是比较可取的，但前提是运动强度未超过运动员的最大摄氧量水平，这样才能将心率作为有效的参考指标。不过很多游泳项目训练强度都很大，超过运动员最大摄氧量的情况也很普遍，此时不能将运动员的心率作为反映运动强度的参考指标。

总的来说，在游泳运动训练中要用心率指标来反映运动强度，就要看运动强度是否超过 100% 最大摄氧量，这时的心率是一个界限。游泳运动员在训练中心率达到最高水平，不代表运动强度达到最大，而当运

① 陆一帆，方子龙，张亚东 . 游泳运动科学训练与监控 [M]. 北京：北京体育大学出版社，2007.

② 陆一帆，方子龙，张亚东 . 游泳运动科学训练与监控 [M]. 北京：北京体育大学出版社，2007.

动强度达到 100% 最大摄氧量时,心率就会达到最高状态。现代竞技游泳训练追求大强度训练,训练强度超过最大摄氧量很多,心率也达到最高,即使是运动结束后的即刻心率也不会超过这个心率值。

不同运动员的最高心率是不同的,所以在游泳训练中要注意训练的针对性与个性化。不同项目的游泳运动员的心率上升速度也是有差异的。一般来说,短距离游泳项目的运动员其心率上升速度快于长距离项目的游泳运动员,具体要根据专项特征来灵活运用心率这一指标。

（二）皮质醇

1. 指标测试

每个月测 1 次,每次在周六早上七点到八点之间测量,采用放射免疫法抽取 1 ～ 3 毫升静脉血,将血清分离。

2. 应用方法

测试结果显示游泳运动员皮质醇小于 10 微克 / 分升,说明其身体机能水平高。运用皮质醇这一指标可以了解运动员机体代谢的情况。游泳运动训练中,运动强度和运动量加大,机体代谢加快,血清皮质醇的值上升。在一个完整的训练周期中,恢复期是最后一个阶段,在这个阶段,倘若运动员的血清皮质醇以很慢的速度恢复,说明其机体适应能力较差,身体机能水平不高,不能适应训练强度。通过运动训练也能提高运动员的机体适应能力,这从其训练过程中皮质醇上升幅度下降的生理现象中能够体现出来。

（三）血尿素

1. 指标测试

血尿素的测量一般是一周一次,选择周六早上七点到八点之间测量,抽取 100 微升指血进行测量,将血清分离。运动员安静状态下血尿素测量值虽然在正常范围内,但处于正常中的偏高水平。

2. 应用方法

运用血尿素指标可以评价运动员的身体机能水平,方法如下。

（1）大强度训练后第二天早晨血尿素测量值增加,训练周期结束时又回到正常范围,说明运动负荷合理。

(2)大强度训练后第二天早晨血尿素测量值增加,但训练周期结束后依然没有恢复到正常范围,说明运动负荷过大。

(3)大强度训练后第二天早晨血尿素测量值没有明显变化,说明运动负荷太小。

二、游泳运动员的自我监督

(一)基础脉搏

游泳运动员的基础脉搏比其他项目运动员的基础脉搏偏低一些,男、女分别为 50 次 / 分和 55 次 / 分左右。优秀运动员的基础脉搏更低。如果游泳运动员的基础脉搏为 50 次,训练后第二天晨搏为 50 次左右,说明运动量正常,如果晨搏在 60 次以上,说明前一天运动量过大,机体未完全恢复。

游泳运动员在大运动量训练初期,因为机体还不适应运动负荷,所以基础脉搏有可能增加。随着训练的继续,基础脉搏趋于正常范围甚至呈缓慢下降趋势,这说明运动量比较适宜。如果基础脉搏数随着训练不断上升,或无规律地波动,说明运动量过大。

(二)血压

运动员血压的变化能够反映出训练强度,具体有以下三种情况。

大强度训练后,高压可上升 40 ~ 60 毫米汞柱[①],低压下降 20 ~ 30 毫米汞柱,一般在一天内恢复。

中等强度训练后,高压上升 20 ~ 40 毫米汞柱,低压下降 10 ~ 20 毫米汞柱,一般在 20 ~ 30 分钟内恢复。

低强度训练后,高压上升 20 ~ 30 毫米汞柱,低压下降 5 ~ 10 毫米汞柱,一般在 3 ~ 5 分钟内恢复。

如果训练结束后血压一直上升,并有头晕、虚弱发力等症状,说明训练中运动量安排不当。

---

① 毫米汞柱为非法定计量单位,1 毫米汞柱 = 133.322 帕。

第八章　游泳运动训练的安全防护体系

受各种主客观因素的影响,运动员参加游泳运动训练的过程中有时会出现一定的风险事故,非常不利于运动训练的顺利进行,因此加强游泳运动训练中的安全防护是十分有必要的。游泳运动训练的安全防护主要包括场馆安全、卫生保健、安全教育、救生等几个方面,通过这几个方面的研究能构建一个完善的安全防护体系。

第一节　游泳场馆安全管理

游泳场馆是游泳运动训练进行的基本物质保障,因此加强游泳场馆的安全管理非常重要,可以采取以下措施和手段加强游泳场馆的日常管理。

一、加强场馆的安全审核

游泳场馆的安全审核工作主要是由当地区域内的公安机关依法对其实施治安监督管理,游泳场馆的工作人员一定要与公安机关的相关人员做好沟通工作,这样才有利于游泳场馆的管理。

（一）安全审批

游泳场馆安全审批的内容主要包括材料审核、安全检查、核发安全合格证。依据本地区《游泳场馆管理暂行办法》及《实施细则》的有关规定,辖区内开办的游泳场馆,要先向公安机关申领安全合格证,再向卫生防疫部门申办卫生合格证,然后再由体育管理部门审批发放开场许可证,三证办妥方可正式开业。

安全审批的具体申报程序如下所述。

1. 申报部门

一般情况下,凡属"三资"企业性质的游泳场馆均须到市公安局申报安全合格证的审批。其他场馆应到所在地公安分局(区、县)申报,经批准后到所在地公安分局领取安全合格证。

2. 申报材料

(1)卫生防疫站已签署意见的游泳场馆开场许可证申请登记表。

(2)申请报告,其内容应包括企业法人代表基本情况、游泳池规格、数量、总面积、总容量,各种电器、机器设备情况。

(3)游泳场馆工程质量鉴定书、场馆平面图。

(4)制定完善的安全保卫方案。安全保卫方案包括保卫负责人、保卫人员人数、救护员人数、岗位责任、主要任务分工。

3. 办理程序

申请单位向公安机关提交上述申报材料;从公安机关领取本地区游泳场馆安全合格申请登记表一式三份,填好后交还公安机关;由公安机关对场馆进行安全检查及材料审核。

(二)开业前的安全检查内容

(1)游泳场馆开业前必须配备专职保卫人员及救护人员,并做到分工明确、责任到人。安全保卫人员须经过专业培训,具备一定的法律知识和应变能力,能够严格遵守纪律,有较强的责任心。保卫人员与游泳人员数量的配备应达到:季节性场馆,与游泳人员比例不得低于1∶80;常年开放的场馆,保卫人员不得少于2人。

(2)安全保卫制度:主要包括安全检查制度、深水合格证制度等。

(3)票证制度:要严格查验票证,杜绝违禁物品被带入游泳场馆。保卫人员和救护人员在岗位上必须佩带明显证件或标志,以便游泳人员进行识别。

(4)核定最大接待人数:开办游泳场馆须按有关规定,根据各自场馆面积核定场馆容量,不得超量接待。

(5)检查安全设施情况:申请开业的游泳场馆,必须要具备良好的安全设施,如救护设施、应急照明设施、广播宣传设施、疏散通道设施等。这些设施的质量一定要合格。

（三）核发安全合格证

申请单位申报材料齐全,经公安机关检查符合要求后,由负责审查的公安部门在本地区游泳场馆安全合格申请登记表上签署意见并加盖公章,然后送交所在地公安分局治安处,由治安处核发安全合格证。

（四）安全合格证的年度复核

已经开业的游泳场馆需要到当地的公安机关办理安全合格证的年度复核手续。由公安机关重新核发安全合格证。

年度复核须向公安机关提交如下材料:

（1）机关核发的安全合格证复印件;

（2）管理部门核发的开场许可证复印件;

（3）部门核发的卫生许可证复印件。

二、加强场馆的日常安全管理

（一）公安机关的职责权限

一般来说,公安机关的分工主要有以下几种情况。

（1）"三资"企业及宾馆饭店的游泳场馆由市公安局治安处主管。所在地分局治安处配合市局治安处实施治安管理。

（2）其他场馆由所在地分局治安处主管,有关派出所配合分局治安处实施治安管理。

（3）场馆如发生治安案件,由属地公安机关依法予以处理,如发生重大治安案件或治安事故由市公安局会同有关分局处理。

（二）公安机关的执法手段

公安机关的执法手段主要包括以下基本内容。

（1）警告是公安机关在对游泳场馆实施治安管理中一种较为轻微的执法手段,在发生一些轻微的事故时,公安机关进行警告处置。

（2）发治安隐患通知书适用于场馆存在较为严重的问题和公安机

关在对场馆予以警告后,场馆仍不改正的情形。

（3）责令限期改正适用于公安机关在发出治安隐患通知书后,场馆仍未改正公安机关限定时间责令场馆必须改正的情形。

（4）收回安全合格证适用于场馆存在重大隐患,公安机关责令场馆限期改正后场馆未按期改正,且公安机关认定该场馆继续开业不能保证安全的情形。

（5）会同体委责令停业适用于场馆发生重大治安事件及场馆已被公安机关收回安全合格证而场馆继续营业的情形。

（三）场馆管理人员的治安管理责任

（1）场馆管理人员要积极配合公安机关处理一些治安事件。

（2）场馆管理人员要接受公安机关的日常监督和检查,对查出的问题要采取积极的改正措施。

（3）做好日常治安情况和客流量的统计工作,将统计情况以文字的形式报告公安机关,公安机关做好必要的记录和保存。

三、坚持每日对场馆进行消毒

游泳场馆是群众聚集活动、锻炼身体的活动场所,由于人们衣着暴露,近距离接触,缺乏个人防护措施(衣服、口罩),加之更衣、休息室环境相对潮湿、密闭,极易造成相关传染病的传播流行,因此要加强管理,严格实行准入制,并开展经常性消毒工作。

游泳场馆应根据现有的条件,加强自然通风,尽量开门开窗换气,引进室外自然、洁净的空气,稀释游泳场馆内浑浊的空气至无害化,达到消毒的目的。开窗通风时应注意,如条件允许,最好设进风口和出风口,最大限度引进新风,增强换气效果,减少室内空气的回流和滞留。若要进一步提高换气效率,可分别在进风口装上动力泵,在出风口装上排风扇,分别将自然风泵进,将室内气体排出。具体消毒方法如下。

（一）空气消毒

消毒场所为更衣室、休息室等。

1. 紫外线消毒

安装要求：每 30 立方米安装 30 瓦紫外线灯管 1 支，当紫外线灯开启消毒时，室内不得有人，以免紫外线灼伤人的皮肤；高硼管的紫外线灯在开启消毒时，会产生臭氧，消毒后，要注意开窗通风以除去臭氧异味；消毒时间要半小时以上，最好能达到 1 小时。

2. 臭氧消毒

在游泳场馆内放置一臭氧发生器，开启 1 小时后关闭并开窗通风。

3. 化学消毒剂消毒

（1）含氯消毒剂。

含有效氯 500 ~ 1 000 毫克 / 升的含氯消毒剂按 20 毫升 / 立方米超低容量喷雾，作用 60 分钟。比较常见的含氯消毒剂有液体消毒剂如市售的"84"消毒液、"金星"消毒液、"万福金安"消毒液等。固体的消毒剂有次氯酸钙（漂白粉）、三氯异氰尿酸、二氯异氰尿酸钠制成的各种粉剂、泡腾片剂等。

（2）过氧乙酸。

用体积分数为 15% 的过氧乙酸按 7 毫升 / 立方米剂量熏蒸：根据房间大小将体积分数为 15% 的过氧乙酸适量盛于瓷或玻璃器皿中，加热熏蒸 2 小时后开窗通风。也可用体积分数为 0.5% 的过氧乙酸按 20 毫升 / 立方米超低容量喷雾，作用 1 小时后开窗通风。消毒后应用清水擦拭易腐蚀的表面。

（3）二氧化氯。

将房间密闭后，用 500 毫克 / 立方米，二氧化氯按 20 毫升 / 立方米超低容量喷雾作用 1 小时后开窗通风。

（二）物体表面消毒

对楼层走道、电梯、楼梯扶手、墙壁、地面可用体积分数为 0.1% ~ 0.2% 的过氧乙酸溶液或含有效氯 500 ~ 1 000 毫克 / 升的含氯消毒剂溶液喷洒、擦拭或拖地，作用 60 分钟，对人体接触较多的更衣柜、座椅、茶几、门把手、水龙头、开关等用体积分数为 0.2% ~ 0.5% 的过氧乙酸溶液或有效氯为 1 000 ~ 2 000 毫克 / 升的含氯消毒剂喷洒或擦拭。消毒 15 ~ 30 分钟后用清水擦拭化学残留。

在游泳池两次开放的时间间隔内,用体积分数为 75% 的酒精或体积分数为 0.5% 的醋酸洗必泰醇溶液浸泡使用过的衣柜钥匙、游泳场所出租的潜水镜等,作用时间不少于 5 分钟。

（三）游泳池水消毒

1. 含氯消毒剂

常见的消毒剂有液氯、三氯异氰尿酸、二氯异氰尿酸钠等。游泳场所应在游泳人员处于高峰期间加强余氯和游泳池水卫生学监测,如余氯不足、卫生学指标不合格应及时添加消毒剂,游泳池水不洁应及时换水,使游泳池内的水质符合国家标准。当余氯偏低时,游泳池水无法破坏病原体;当余氯超过 0.5 毫克 / 升时,游泳池水对泳者的皮肤和眼睛有一定程度的伤害。

2. 二氧化氯

二氧化氯用于游泳池水的消毒优于上述含氯消毒剂,其投放量少,在保证效果的使用浓度下对人的皮肤、黏膜刺激小,但其使用成本高。

四、加强场馆工作人员的培训

伴随着时代的发展和进步,以往单一功能的游泳场馆逐渐变得越来越多样化,从以往的注重健身功能开始向娱乐、休闲等多功能方向发展,在这样的情况下,游泳场馆的安全问题就显得非常重要。因此,在平时一定要加强游泳场馆工作人员的安全培训。

在对场馆管理人员进行培训的过程中需要注意以下几个方面。

第一,加强游泳场馆管理人员的安全意识,提高其管理水平,形成重视安全工作的风气,尽量不要出现安全事故。

第二,帮助场馆管理人员进一步了解公安机关对游泳场馆实施行政管理的内容、程序及执法手段,实现安全防范工作的目的。

第三,通过对场馆工作人员的培训,为消费者提供良好的游泳场所,对提高社会生活环境质量起到积极的促进作用。

第二节　游泳运动卫生保健

一、检查游泳者健康状况

一般来说,为保证有一个良好的身体条件,游泳者每年都必须进行一次全面的身体检查,从而确保自己的身体能安全地参加游泳运动。如果身体患有某些疾病,不仅很难承受游泳时各种生理机能的变化,还会使病情加重,甚至会出意外事故;同时还可能造成某些传染病的传播,危害公众健康。一般来说,游泳池、游泳馆都要求游泳者持有当年健康证,才允许购票入池游泳。

通过体检,下列几种人不宜游泳。

（1）凡患有腹泻、伤风感冒、咳嗽、严重沙眼、急性结膜炎等疾病的人暂时不宜下水游泳,待病愈后才可以下水游泳。

（2）凡发现患有严重高血压、心脏病、活动性肺结核、传染性肝炎、细菌性痢疾、妇科病、性病、化脓性中耳炎、皮炎、精神病及有开放性创伤的病人,都不宜游泳。

（3）女子在进入青春期后,会出现周期性的"月经来潮"。在这一阶段,最好不要下水游泳,以免引起感染而致病。

大量的实践表明,经常参加体育锻炼,人体的各项器官机能水平能得到极大的提升。除此之外,游泳者也要掌握自我检查的方法,如测体重和数脉搏都是常用的自我检查的方法。

第一,测体重。体重的变化可反映人体的健康情况。一般来说,正常健康的成年人,体重是相当稳定的。通过测体重的方式能很直观地看到自己的身体变化情况。

在参加游泳运动的阶段,如果游泳者发现自己的体重增加了一两千克,这说明运动训练是有效的。如果发现体重减少了两千克以上,则说明身体健康出现了一定的问题,需要进行针对性的治疗。

第二,数脉搏。脉搏的变化,能反映心脏血管系统的机能状况,这种方法也较为常用。

一般来说,健康成年人在早晨安静时,每分钟脉搏为 66 ~ 72 次。经过一段时间的锻炼后,人体心脏机能开始提升,脉搏也逐渐减少,这说明取得了不错的训练效果。

通过数脉搏的方式,人们可以有效了解自己的身体是否健康,疲劳是否消除。一个在早晨安静时每分钟脉搏经常是 60 次的人,假如在同样情况下,脉搏增加到每分钟 80 ~ 90 次,就表明身体健康有了问题,说明前一日的身体疲劳仍然存在,需要及时休息,以消除疲劳。

二、把握正确的游泳时机

作为一名游泳运动爱好者或者运动员在进行游泳训练时需要把握好游泳的时机,这是一个基本常识。总体而言,以下几种情况不适合立即参加游泳锻炼。

(一)饥饿时不宜游泳

需要注意的是,运动者在空腹时最好不要下水游泳。因为,运动者在游泳的过程中会消耗人体大量的能量,如果缺乏充足的能量,就难以维持机体运动的需要,不仅不利于游泳运动训练的顺利进行,甚至还会带来一定的运动损伤,由此可见补充充足的能量十分重要。运动员在进行长时间、长距离的游泳时需要在中途补充营养成分高的食物或饮料,以满足机体所需。

(二)饱食后不宜立即游泳

一般来说,人在饱食后消化器官的活动会出现不断增强的趋势。在这个时候下水游泳,血液将首先满足肌肉活动的需要,而消化器官的供血必然不足,将降低消化器官的功能,影响食物的消化和吸收。除此之外,由于水的刺激,胃肠的蠕动受到限制,容易引起胃痉挛,出现腹痛或呕吐现象。因此,为了避免这一情况,在饱食后要休息一段时间才能游泳。这一点需要引起高度重视。

(三)饮酒后不宜游泳

大量的研究与实践表明,人在饮酒之后,神经系统会出现一定的麻醉作用,致使人体的机能下降,身体的反应能力减弱,动作协调性变差。这时下水游泳就无法清醒地处理可能发生的意外情况,很容易发生溺水事故。另外,饮酒后皮肤血管扩张,大大加快了体内热量的散发,这时就容易感冒,因此饮酒后最好不要下水游泳,以免发生意外事故。

（四）剧烈运动或重体力劳动后不宜游泳

人在参加完剧烈运动后,身体会处于一定的疲劳状态,在这样的情况下参加运动,其动作会变得不协调,反应力也变弱。这个时候下水游泳,身体会产生一定的疲劳,容易发生呛水、肌肉痉挛、溺水等事故。另外,人体在参加完剧烈运动后,新陈代谢也尚未恢复正常,这个时候身体的状态非常不稳定。如果此时下水游泳,就容易受到冷水的刺激,抵抗力减弱,出现感冒等现象,这对于运动者参加游泳运动训练是非常不利的。因此在剧烈的运动后一定不要立即参加游泳运动训练。

三、做好充分的准备活动

无论参加什么样的运动训练,在训练开始之前,一定要做好充分的准备活动,准备活动是使身体各器官、系统的机能从安静状态迅速过渡到工作状态的必不可少的手段。认真地做好准备活动,能提高神经系统的兴奋性,克服呼吸和血液循环等内脏器官活动的惰性,提高能量代谢的水平,使身体机能预先动员起来以满足运动的需要。此外,进行一定的准备活动还能有效提高肌肉温度,增强肌肉的力量和弹性,如此能有效地预防运动伤病,促使机体以良好的状态投入游泳运动训练之中。

需要注意的是,运动者在进行准备活动时,还要注意活动的内容,并安排合理的活动量,依据不同的泳姿选择合适的准备活动内容。例如蛙泳用到的下肢、膝关节,自由泳用到的上肢、肩关节等,一般可做几节广播操或跑步、跳跃等活动。准备活动的量要因人而异。下面简单介绍游泳运动中准备活动的内容与方法。

（1）头部运动。两脚分开站立,两手叉腰。头部向前后左右转动,再做绕环动作。

（2）手臂绕环运动。两脚分开站立,两臂同时向前绕环,然后再向后绕环。

（3）扩胸运动。两脚分开站立,两臂在胸前平曲,并向后振动。然后两臂侧平举,掌心向上,向后振动,向后振动时必须挺胸。

（4）腰部运动左臂上举,右臂放在体侧,身体向右侧曲,然后右臂上举,左臂放在体侧,身体成左侧曲状;两脚分开站立,腰部做绕环动作。

（5）腹背运动。两脚立正,两臂同时向上和向后振动,然后上身前曲,两臂随着向下振,使得两掌尽可能触地,两膝关节伸直。

（6）压腿运动。右脚向前跨出一大步,膝关节弯曲,两手扶右膝,左腿在后面伸直。身体上下振动,做压腿动作。左右腿交换进行。两脚分开站立,单腿下蹲。左膝弯曲时,右腿伸直,上体移向左侧,并上下振动。左右交换做。

（7）下蹲运动。两脚并拢,上体向前弯曲,两手扶住膝盖,然后曲膝下蹲。还原后,重复做。

（8）踢腿运动。两臂向上举,右脚同时向后半步,两臂迅速下振,右脚同时向前踢出。还原以后,左脚交换做。

（9）跳跃运动。两脚并拢,身体先下蹲,然后向上跳起,同时两臂上振。跳起时稍挺胸。

四、合理掌握好游泳时间

进行游泳训练的时间有一定的讲究,游泳时间长短的选择不能盲目,而要视气温、水温及个人实际而定。一般情况下,天气热、水温高时,水中活动的时间可长些;天气冷、水温低时,水中活动的时间不宜太长。有些人的皮肤相对较薄,身体表面积与体积之比较大,散热速度相对较快,因此应尽量合理地控制游泳的时间,以免出现事故。

五、科学安排好运动负荷

游泳者在参加游泳运动训练时还要注意控制好运动负荷,运动负荷主要包括负荷量与强度两个方面。游泳的强度主要是指游泳的速度,根据游泳训练的目的、依锻炼的目的不同而不同。一般来说,短距离快速游强度较高,主要提升速度和肌肉爆发力;长距离中速或慢速游强度较低,主要提升心肺功能和肌肉耐力。运动者在下水后,要逐步增加训练的强度,不能突然增大,否则就会给机体带来不良的影响。游泳的量主要指的是游泳的距离,训练时应因人而异,以机体能够承受为基本原则。

六、注意个人与公共卫生

（一）讲究个人卫生

游泳者在参加游泳锻炼时，还需要注意个人卫生，养成良好的卫生习惯，这无论是对于个人还是集体都具有重要的作用。个人卫生需要注意以下几点。

第一，要事先准备好干净的不透明的游泳衣和游泳裤，游泳帽和游泳眼镜也可以准备好。

第二，要修短指甲，避免划伤自己或他人。

第三，要清除耳垢，防止发生一些耳病。

第四，游泳结束后做必要的整理活动，促进机体的恢复。

第五，上岸之后清洗眼、耳和口腔，并迅速擦干身上的水，穿上衣服，以防受凉感冒。

第六，游泳结束后最好用眼药水滴洗眼睛，以防感染沙眼或结膜炎。

第七，如果耳道进水，应及时将积水清除掉，以免伤害耳朵。

（二）保护公共卫生

在游泳馆参加游泳锻炼时，除了讲究个人卫生外，还要自觉维护公共卫生。公共卫生的维护需要注意以下几个方面。

第一，在入水之前要进行淋浴，将全身冲洗干净，脚要消毒。

第二，不乱扔东西，不在池边或池中吃东西。

第三，不随处吐痰，保持个人良好的仪态。

第四，禁止在游泳池中排便。

第五，注意游泳中的秩序，避免撞到他人。

第三节　游泳运动安全教育

一、水质安全管理

（1）在游泳场所运行期间，水质处理员应按照国家《游泳场所卫生标准》的要求,按时检测游泳池水,并将检测结果填入游泳馆水质监测记录。

（2）通过投放消毒药剂,使余氯指标控制在 0.3 ～ 0.5 毫克 / 升。

（3）根据本场所的实际情况,按照游泳池水质的循环周期进行游泳水质循环净化并填写循环水泵运转记录。

（4）水质处理员应根据水质情况和反冲排放水量补充新水并做好游泳馆过滤罐反冲与补水记录,以便更好地节约和控制用水。

二、游泳救生员的资格及配备

（1）游泳救生员必须经过救生专业部门培训,并取得职业资格证书方可上岗。

（2）按照国家标准:每 250 平方米配备一名游泳救生员。

三、正常开馆的安全保障

（1）严格控制每场容量,按人均游泳面积不得少于 2.5 平方米计算,不得超过最高人数限额。

（2）救生器材的配备。

①救生器材包括救生观察台、游泳须知牌、救生圈、救生杆、急救板、广播宣传设施、宣传牌、警示牌、告示牌、急救药箱等。

②救生器材的数量应按照本场所的实际情况设置并处于完好状态。

③救生器材的摆放位置应满足"立即可用"状态。

（3）开放夜场必须配备足够的灯光并符合国家标准《体育场所开放条件与技术要求第 1 部分:游泳场所》要求。

（4）疏散通道的宽度不小于 2 米,并配有明显的"安全通道"等安全标志。安全门应为向外开并不得设有门槛。

四、应急程序的启动

（一）启动游泳馆应急程序

（1）各区的救生员及巡视员,发现泳客出现溺水现象后,立即相互配合,抢救上岸。

（2）救生员应对"溺水"者做出快速判断,判断其是否有呼吸和心跳,是否有受伤情况。

（3）当溺水者的呼吸和心跳停止时,救生员应立即对其进行心肺复苏并及时拨打 120 急救电话。

（4）在未转交专业医院或医生前,在现场和前往医院途中,抢救工作不能中断。

（二）受伤的急救措施

（1）启动游泳馆应急程序。

（2）根据伤者情况初步判断病情。

（3）救生员应正确处理并尽可能地减轻病情和缓解受伤者的痛苦。

（4）及时就近送往医院抢救和治疗。

（三）突发事件应急措施

（1）突发事件是指当游泳馆在培训或对外开放时,由于突然发生或将要发生,并有可能造成人员伤亡和生命遭到威胁时,如火灾、爆炸、地震、晚场突然停电等,均称为突发事件。

（2）启动游泳馆应急程序。

（3）A 岗、B 岗负责清理深水区的泳客至池岸边。

（4）C 岗、D 岗负责清理浅水区的泳客至池岸边。

（4）巡视员负责协助各救护员岗位将泳客引导至安全通道。

（5）工作人员 1 负责维护西侧安全通道的秩序。

（6）工作人员 2 负责维护东侧安全通道的秩序。

（7）工作人员 3 负责维护通往男更衣室的秩序。

（8）工作人员 4 负责维护通往女更衣室的秩序。

五、加强安全教育

加强游泳运动参与者的安全教育也是十分重要的,这一工作应包括以下内容。

第一,要强调游泳安全的意义,树立安全意识,克服麻痹思想。只有保证安全,才能真正发挥游泳对于增进身心健康的作用。对于游泳活动的组织者来说,更要清醒地认识到,不能由于疏忽大意而造成他人的不幸。

第二,要加强组织纪律教育,要求学生严格遵守有关纪律和制度,一切行动听指挥,做到令行禁止。对少年儿童,一般要求在会游泳的教师、家长或其他成人的带领下学习游泳。不会游泳者不应私自跑去"玩水"。此外,还要进行安全知识与一般救生常识的教育,使游泳者掌握一些基本的应急措施,以防不测。

第三,安全教育要结合实际情况,采取多种形式有针对性地进行。要经常宣传、反复宣传,以引起每个人的充分重视,培养游泳者的安全意识。

六、做好游泳组织工作

为保证游泳运动训练的顺利进行,加强游泳活动的组织是非常重要的,因为在游泳运动训练中,受一些客观因素的影响,难免会发生一些意外事故,因此必须要加强这方面的组织工作。

(一)设置安全监督岗

为保证游泳运动参与者的安全,必须要设置一些安全监督岗,并配备专门的救生员。同时还可以设置一个安全救护小组,小组内的工作人员要进行严格的选拔,选拔那些安全观念强、认真负责、游泳技能较高的人员,这样能为游泳参与者提供安全的保障。

(二)进行合理的编组

对于初次参加游泳运动训练的人,在开展游泳活动时一般都要进行编组,每组以 5 ~ 8 人为宜。每个小组要选出责任感强、水性好的人员担任组长,由其负责游泳训练中的各项活动。小组成员要在一起活动,不要单独行动,在遇到问题时能够相互配合去克服困难,处理危机事故。另外,对于那些水性较差的人员要给予额外的照顾,避免发生危险事故。

（三）制定严格的运动纪律

游泳运动训练的顺利开展离不开严格的规章制度的保障,因此对参与者提出严格的纪律要求是非常有必要的。对于游泳运动者而言,一切行动要听组织者或教练员的指挥,尽量在指定的区域内进行活动,不要在水中嬉戏打闹,或者在水中乱跳水和潜水,否则就容易出现危险事故。

第四节　游泳运动救生

一、游泳运动救生的基本原则

在参加游泳运动时,有些时候难免会发生一定的意外事故,学习和掌握游泳运动救生技术是非常重要的。当发生意外事件时,一定要及时有效地进行施救,利用正确的施救方法去救助。一般来说,游泳运动救生需要遵循以下基本原则。

（1）岸上救生优于水中救生。相对于水中救生,岸上救生要更为有效。在岸上,救生员视野宽广,能提高救助时的准确性和有效性。

（2）器材救生优于徒手救生。正确的器材能安全、有效、快速地救助溺水者,是实施救生的最优选择。

（3）团队救生优于个人救生。团队救生时能充分发挥集体的力量和智慧,抢救更为及时和有效。

（4）先救有意识后救无意识。面对多起溺水事故时,救生员要秉承先抢救有意识的溺水者后抢救无意识溺水者的原则。

二、游泳运动救生的一般程序

（一）观察

观察可以说是游泳运动救生的一项重要工作。在具体的工作中要贯彻"预防为主"的基本原则。

1. 观察的方法

（1）扫视法：在值岗时，救生员对自己责任区的左、右、远、近进行直线、不间断的观察。

（2）环视法：在值岗时，救生员对自己的责任区以某一点为起点，进行圆周、不间断的观察。

（3）跟踪法：在值岗时，救生员及时发现游泳技术不佳者，并对其进行重点跟踪观察。

2. 观察的要求

（1）明确观察责任区：救生员在值岗期间应明确自己的责任区，思想要保持高度集中，能够及时发现溺水事故的隐患。

（2）主次兼顾：救生员应做到重点突出（主责区）和兼顾其他（次责区）交叉观察，相互补漏，不留盲区和死角，确保游泳者的安全。

（3）不同观察区域互相结合：救生员在观察时要掌握"池面与地岸，水中与池底，点与面"互相结合的方法。观察时，既要观察水下或池底有无溺水者，还要看清水中有无游泳技术不佳的潜在溺水者。扫视池岸时，应注意岸边有无身体不适者和无人看管的幼儿，以防他人碰撞造成滑入水中的溺水事故。当发现游泳技术不佳的游泳者时，应重点跟踪观察，同时仍需兼顾自己的观察区域。

（4）不同时段的观察：在游泳者进场阶段，应注重游泳池入口处和下水池边的区域等地方的观察；在中场时段，偏重于观察有无技术不佳的游泳者进入深水区，有无被家长安置在池边的幼儿；退场时段，应偏重于观察那些还未及时起水的游泳者；当游泳池少年儿童较多时，应注重中、浅水区域的观察，并适当增加工作的岗位。

（5）对不同人群的观察：救生员在观察时应对老年人、少年儿童人群进行重点关注。在观察青少年游泳群体时，应注意他们是否在水中嬉闹打闹；观察经常参加游泳锻炼的游泳者，注意他们的精神状态和身体状况。

（6）交接班时的观察：救生员在交接班时，接班救生员眼睛应不间断地扫视自己的责任区域，并听取交班救生员的情况介绍。当交接双方确认没有事故隐患之后，交班人员方可离岗。

（二）判断

所谓判断，是指救生员通过观察的情况，判断溺水者的具体情况，然后做出相应的反应。下面简单介绍一下判断的方法与要求。

1. 判断的方法

（1）判断溺水者是否还有意识。

当在水中发现溺水者时，救生员应首先采取看、听的方法判断溺水者有无意识。如溺水者在水中挣扎并发出求救的喊声，则说明溺水者尚有意识；如溺水者在水中不能自主地支配肢体动作，并缓慢下沉或已沉入池底，则说明溺水者已丧失了意识。

（2）判断溺水者是否受伤。

①有意识的溺水者：通过倾听溺水者自述，了解其受伤的情况。

②丧失意识的溺水者：通过检查溺水者的肢体，了解其受伤的情况。要重点查看溺水者的颈椎、腰椎是否受伤，是否发生外伤出血或肢体骨折。

2. 判断的要求

（1）在发生溺水事故后，救生员要能够根据不同情况，及时地做出反应和判断。

（2）救生员要能够根据判断的结果，采取合理的救生手段与措施。

（三）赴救

赴救是游泳运动救生重要工作环节之一，主要是指通过各种手段将溺水者施救上岸的活动。

三、游泳运动救生的基本技术

（一）直接赴救技术

直接赴救技术是指救生员在无法采用间接救生技术的情况下所采取的赴救技术。具体来说，直接赴救技术包括入水、接近、解脱、拖带、上岸、运送这六个环节。

1. 入水技术

入水是指救生员看到溺水事故后,迅速跳入水中的一项专门技术。这一技术一般在紧急时刻使用。

(1)跨步式入水。

跨步式入水是救生员离溺水者较近时采用的技术。目视溺水者,一脚向前跨,另一脚的脚趾紧扣池边并用力蹬地,在空中两腿呈弓步,上身含胸前倾,两臂侧举,肘部自然弯曲,掌心向前下方。入水时,两手向前下方抱压水,双脚做剪水动作,促使身体形成向上的合力,这样能确保救生员的头部始终在水面上,目光不离赴救目标。

(2)鱼跃浅跳式入水。

鱼跃浅跳式入水是救生员距离溺水者较远时采用的入水技术。结合实际情况,选择在救生台、岸边或在跑动中起跳。起跳时,靠腿部发力蹬离岸边,躯干同时用力伸直及两臂由下而上摆动入水。腾空时,双臂及两腿要伸直,入水要浅,头部尽快露出水面,锁定赴救目标。

2. 接近技术

接近是指救生员靠近并有效控制住溺水者的技术。以下几种接近技术较为常用。

(1)背面接近救生技术。

背面接近救生技术是最常用的一种技术,救生员游至距溺水者1~2米处急停,接近溺水者时,双手对溺水者从背后托腋,然后一手托腋,另一手从溺水者的肩部向下夹胸或双手托腋下。

(2)正面接近救生技术。

救生员入水后,游至离溺水者3米处停下,下潜至溺水者髋部以下,双手扶住溺水者的髋关节,将溺水者转体180°。然后,右手托腋,另一手夹胸或双手托腋下。

3. 解脱技术

当救生员在水中被溺水者所搂抱时,为了解脱所采用的相应的合理技术动作就属于解脱技术。下面简单介绍其中几种解脱法。

(1)转腕解脱法。

以右手为例,当救生员的右手被溺水者右手抓住时,可转腕外翻下压,用右手及时抓住溺水者的右腕向右拉出,使溺水者的背部贴住救生员的前胸,从而控制住溺水者。

(2)交叉手被抓解脱法。

以左臂在上为例,救生员用左臂肘部去撞击溺水者的左腕,使自己的左手得到解脱,然后转腕解脱右手,并顺势将溺水者向右侧拉出,使溺水者的背部贴住救生员的前胸,从而控制住溺水者。

(3)抓发解脱法。

当溺水者的手抓住救生员的头发时,救生员一手紧握溺水者抓头发手的手腕,另一手去拉溺水者抓头发手的手指;同时,救生员的头部向扳拉手指的方向倾斜,逼迫溺水者松手。解脱后,使溺水者的背部贴住救生员的前胸,然后控制住溺水者。

4.拖带技术

拖带技术是水上救护中将溺水者拖带到游泳池边上岸的一种技术。

(1)托腋拖带技术。

托腋拖带技术比较省力,容易控制住溺水者,所以是很常用的一种拖带技术。救生员双手托住溺水者的双腋下,通过反蛙泳腿技术对溺水者进行拖带。

(2)夹胸拖带技术。

对于高大的救生员来说,救护矮小的溺水者可采用夹胸拖带技术。以右臂为例,救生员右臂从溺水者的右肩上穿过,上臂和肘部贴住溺水者的胸部,右腋紧贴溺水者右肩,右手一般放在溺水者的左腋下,并以右手为拖带的发力点。在运送过程中,救生员可用右髋顶住溺水者的腰背部,促使溺水者保持水平位置,便于拖带。救生员结合自己的特长,采用蛙泳腿或侧泳腿技术。

(3)托枕拖带技术。

托枕拖带技术不适用于疑似颈部受伤者。救生员用手托住溺水者的后脑,发力握住枕部两侧,采取侧泳或反蛙泳技术游进。

5.上岸技术

上岸技术就是将溺水者送上岸边的一种救护技术。

在游泳池的深水区将溺水者拖带至池边时,可使用单人上岸技术。下面主要讲解单人上岸技术。

(1)救生员将溺水者拖带至岸边,用左手抓池寻找定位,再将溺水者移至池边。

（2）救生员用右手将溺水者的左手压在池边,把左手移压在溺水者的左手背上,使右手腾出来。

（3）救生员用右手抓住溺水者的右手,将其右手与左手重叠,并用右手将溺水者的双手紧紧压在池边,左手抓攀池边,从溺水者的左边先爬上岸。

（4）救生员上岸后,右手不要离开溺水者的双手,身体面对溺水者,用左手紧抓溺水者的左腕,右手抓握溺水者的右腕。

（5）救生员抓住溺水者的手腕,稍上提,使溺水者转体180°,呈背对池边的姿势。

（6）救生员双脚开立,利用浮力,先用双手将溺水者向上预提,然后用力将溺水者往上提起,使其臀部露出水面,将其移至池岸。

（7）救生员右手紧抓溺水者右手上提,注意防止其倒下,抽出左手,将左手移至溺水者颈背部或腋下,保护溺水者。

（8）救生员将溺水者的双腿原地旋转180°,呈仰卧姿势。

6.运送技术

运送是指救生员将溺水者送往现场救护或临近医院的一项专门技术。运送技术主要有以下几种。

（1）肩背技术。

①救生员在溺水者身体左侧呈半蹲的姿势,用右臂托起溺水者的颈背部,将其上身扶起。

②救生员右脚放在溺水者的双腿之间,面对溺水者。左手从溺水者右腋下穿至溺水者背后,右手从溺水者左腋下穿过至溺水者背后,双手的手指交叉锁紧,用双臂把溺水者的身体夹住。

③救生员两臂用力将溺水者托起,左脚往后退一步呈弓步,将溺水者抱在自己的右大腿上。

④救生员右臂在溺水者背部用力,使其贴在自己的胸前,腾出左手握住溺水者的右腕;然后头部由其右腋下钻过,让溺水者挂靠在自己的颈部,腾出右手。

⑤救生员降低重心,将右手插入溺水者的两腿之间,向上搂抱,左手顺势左拉,使溺水者以俯卧的姿势在救生员的背上。

⑥救生员用右手将溺水者右腿紧夹在右胸前,右手紧抓其右上臂,左手扶自己的左膝,用力站直,之后左手后上举来保护溺水者的头部,

避免在运送过程中与障碍物、墙边等发生碰撞。

（2）放下技术。

①救生员左手抓住溺水者的右臂，将其挂靠在颈背部保护；抽出右手放在溺水者的左腋下，至背后紧抱保护。

②救生员的头部从溺水者的右腋下抽出，左手从溺水者的右腋下移动到后背，与右手手指交叉，双臂夹住溺水者。

③救生员左脚上前一步，双臂托住溺水者，逐渐将其放在地上，使溺水者坐在地面上。

④救生员抽出左手，放在溺水者的颈后并托住头部；然后，将溺水者缓缓平放在地面或急救板上。

（二）间接赴救技术

间接赴救技术是指救生员在游泳池内使用救生器材，准确判断处于正在挣扎中的溺水者的情况，优先选择施救的一种赴救技术。

1. 救生竿的使用

救生竿是一种较为常用的救生器材。救生员使用救生竿实施救护时，注意不能做捅、打的动作，以免伤到溺水者。需要注意的是，救生竿要放在方便拿取的地方和显眼的位置。

2. 救生圈（球）的使用

救生员在使用救生圈（球）时要注意，抛掷必须要准确到位；在抛掷带有系绳的救生圈（球）时，用手（脚）紧紧抓（踩）牢绳子的另一端，当溺水者抓住救生圈（球）后，要立即将其拖到岸上救起。通常，救生圈（球）放在离救生岗位最近的地方。

3. 手援

手援是救生员在确保自身安全的前提下，在岸边进行徒手救助的一种简单方法。该方法主要针对岸边落水者、上岸时因体力不支再次落水者及近岸 1 米左右溺水人员的救护。溺水者在刚落水时头脑一般都比较清醒，采用手援的方法还是比较有效的。

参 考 文 献

[1] 伊恩·麦克劳德.游泳运动系统训练 [M].朱敬先,译.北京:人民邮电出版社,2015.

[2] 许琦.现代游泳训练方法 [M].北京:北京体育大学出版社,2007.

[3] 武利华.自由泳 [M].天津:天津人民美术出版社,2018.

[4] 陆一帆,方子龙,张亚东.游泳运动科学训练与监控 [M].北京:北京体育大学出版社,2007.

[5] 程燕,许琦.游泳运动训练科学化理论及方法的研究 [M].北京:北京体育大学出版社,2006.

[6] 黄辉,刘艳欣,孙振杰.业余游泳运动的物理原理分析 [J].中学物理教学参考,2018,47（7）:83-84.

[7] 封飞虎,凌波.运动生理学 [M].武汉:华中科技大学出版社,2014.

[8] 吕雪.游泳运动学练导论 [M].北京:北京体育大学出版社,2018.

[9] 刘亚云,黄晓丽.游泳运动 [M].长沙:湖南师范大学出版社,2007.

[10] 姚鸿恩.体育保健学 [M].4 版.北京:高等教育出版社,2006.

[11] 武利华.蛙泳 [M].天津:天津人民美术出版社,2018.

[12] 吴河海,谭政典.蛙泳技术与练习 [M].北京:人民体育出版社,2001.

[13] 张颖,张坤.蝶泳 [M].长春:吉林出版集团有限责任公司,2008.

[14] 武利华.仰泳 [M].天津:天津人民美术出版社.2018.

[15] 吴河海,谭政典.仰泳技术与练习 [M].北京:人民体育出版社,2001.

[16] 王丹.游泳运动体能训练特点分析 [J]. 当代体育科技,2020,10（11）：44.

[17] 朱伟民.游泳运动体能训练特点研究 [J]. 当代体育科技,2018,8（24）：42-43.

[18] 陆一帆.游泳训练理论创新与实践 [M]. 北京：北京体育大学出版社,2013.

[19] 李忠,杨贻茂.游泳训练指南 [M]. 北京：国防大学出版社,2007.

[20] 黄文聪.优秀游泳运动员力量训练阶段生理生化指标的评价及机制 [M]. 北京：北京体育大学出版社,2006.

[21] 岳言,赵振浩.自由泳 [M]. 长春：吉林出版集团有限责任公司,2008.

[22] 艾里斯·科玛,谢丽娟.儿童自由泳技术训练 [M]. 王勇,译.北京：人民体育出版社,2002.